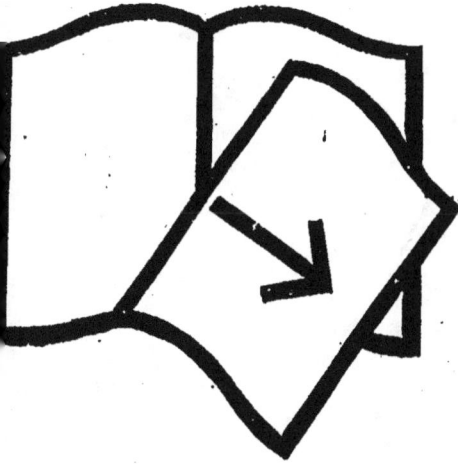

Couverture Inférieure manquante

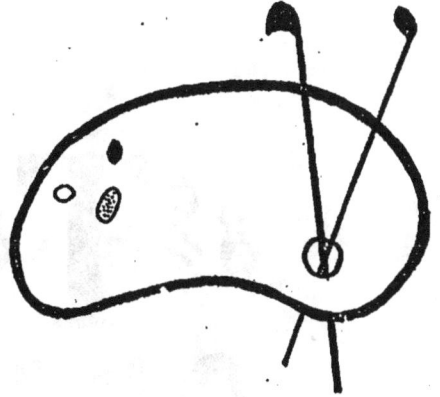

LA
PATHOLOGIE DE L'ATTENTION

DES MÊMES AUTEURS

N. Vaschide et Raymond Meunier. — **Des Caractères essentiels de l'Image onirique.** *Annales des Sciences Psychiques,* 15ᵉ année, Nᵒ 10, octobre 1905 et *Rivista di Psicologia applicata alla Pedagogia ed alla Psicopatologia.* — Bologna, anno I, Nᵒ 3, Maggio-Giugno.

N. Vaschide et Raymond Meunier. — **La Mémoire des Rêves et la Mémoire dans les Rêves.** *Revue de Philosophie,* octobre et décembre 1906.

N. Vaschide et Raymond Meunier. — **De la possibilité d'un Pronostic de la Mort chez les paralytiques généraux par l'Examen de la pression sanguine.** *Compte-Rendu hebdomadaire des Séances de la Société de Biologie,* 18 juin 1908.

<u>*EN PRÉPARATION :*</u>

La Psychologie de l'Attention. Un volume à paraître chez Marcel Rivière, in *Bibliothèque de Philosophie expérimentale.*

BIBLIOTHÈQUE DE PSYCHOLOGIE EXPÉRIMENTALE
ET DE MÉTAPSYCHIE

—

Directeur : RAYMOND MEUNIER

LA
PATHOLOGIE DE L'ATTENTION

PAR

N. VASCHIDE

DIRECTEUR-ADJOINT AU LABORATOIRE DE PSYCHOLOGIE PATHOLOGIQUE
DE L'ÉCOLE DES HAUTES-ÉTUDES

et

RAYMOND MEUNIER

PRÉPARATEUR AU LABORATOIRE DE PSYCHOLOGIE PATHOLOGIQUE
DE L'ÉCOLE DES HAUTES-ÉTUDES
(Asile de Villejuif)

PARIS
LIBRAIRIE BLOUD & Cie
7, Place Saint-Sulpice, 7

—

1908

Bibliothèque de Psychologie expérimentale et de Métapsychie

Directeur : RAYMOND MEUNIER

La *Bibliothèque de Psychologie expérimentale et de Métapsychie* s'adresse aux professeurs, aux médecins, aux étudiants et au public cultivé qu'elle renseignera sur les données acquises par la science contemporaine dans le domaine psychologique et psychique. Ces données sont aujourd'hui assez nombreuses et assez solidement établies pour qu'il ait pu paraître opportun de les faire connaître en dehors du monde encore restreint des travailleurs de laboratoire et des spécialistes. Ceux-ci trouveront d'ailleurs, parmi nos monographies, une série de mises au point utiles à leurs recherches et des exposés personnels de questions moins étudiées et plus théoriques. Nous pensons qu'ils porteront intérêt à cette nouvelle publication si nous en jugeons par l'accueil empressé qu'ils ont fait dès l'abord à notre projet.

Les volumes de notre collection se répartiront en trois groupes.

Le premier groupe constituera une série historique. Les diverses sciences psychologiques, encore qu'elles aient pris depuis un temps relativement court le caractère expérimental qui est celui sous lequel nous nous proposons de les envisager spécialement, ont derrière elles un long passé. Il est donc indispensable de les exposer, en quelque sorte « génétiquement ». Ce point de vue s'impose tout particulièrement pour certaines questions qui de près ou de loin, se rattachent à ce que les psychologues contemporains désignent sous le nom de « métapsychie ». Les recherches occultes, les problèmes qu'ont englobés tour à tour la magie, le spiritisme et la théosophie, du moins dans la forme merveilleuse où l'imagination se les représentait, exigent une interprétation historique.

Dans le second groupe seront traitées « les grandes questions psychologiques ». Par là nous entendons les problèmes d'un ordre général dont on trouve l'exposé dans les Manuels de philosophie, et que nous nous proposons d'étudier selon la méthodologie scientifique à laquelle on doit le renouvellement des sciences psychologiques.

Enfin notre troisième groupe, le plus important, sera consacré à l'examen des problèmes spéciaux de psychologie et de métapsychie. Par psychologie, nous entendons la psychologie normale, pathologique, ethnique et comparée. Quant à la métapsychie on sait que M. CHARLES RICHET a proposé au Congrès de Rome (1903) ce terme générique pour définir l'ensemble des phénomènes sur lesquels les sciences psychologiques n'ont point encore fourni de résultats concluants.

Ajoutons que certains volumes de la collection pourront appartenir à deux de ces groupes ou aux trois ensemble. Il s'agit donc plutôt ici d'indiquer les directions dans lesquelles nous nous proposons de nous engager que de tracer dès maintenant un plan limitatif de chaque volume ou de circonscrire définitivement notre domaine.

En résumé l'ensemble de la collection formera une sorte d'*Essai synthétique sur l'ensemble des questions psychologiques et des problèmes qui s'y rattachent.* Notre but sera atteint si l'effort de compréhension psychologique qui caractérise notre époque s'y trouve exprimé.

~~~~~~

Volumes parus :

I. — N. VASCHIDE, Directeur-Adjoint du laboratoire de Psychologie pathologique de l'École des Hautes-Études. — **Les Hallucinations télépathiques.**

II. — Dr MARCEL VIOLLET, Médecin des Asiles. — **Le Spiritisme dans ses rapports avec la folie.**

III. — Dr A. MARIE, Médecin en chef de l'Asile de Villejuif, Directeur du laboratoire de Psychologie pathologique de l'École des Hautes-Études. — **L'Audition morbide.**

IV. — Princesse LUBOMIRSKA. — **Les Préjugés sur la folie,** avec une préface du Dr JULES VOISIN, Médecin en chef de l'Hospice de la Salpétrière.

V. — N. VASCHIDE, Directeur-Adjoint au laboratoire de Psychologie pathologique de l'École des Hautes-Études et RAYMOND MEUNIER, Préparateur au même laboratoire. — **La Pathologie de l'attention.**

VI. — HENRY LAURES. — **Les Synesthésies.**

En préparation :

Professeur BAJÉNOFF (de Moscou). — **La Psychologie des condamnés à mort.**

Dr ZIEM. — **Les Sommeils morbides.**

LA
PATHOLOGIE DE L'ATTENTION

CHAPITRE Ier

La position du problème

La psychologie de l'attention est encore à faire
et si les théories ne manquent pas, si les travaux et même les recherches expérimentales se
multiplient sans trève, le contenu de toute cette
prodigalité cérébrale n'avance malheureusement
en rien le problème. On rabâche les vieilles
données classiques, en les habillant de nouvelles
formules, mais cependant on essaye à peine
d'envisager les aspects multiples de l'attention
au point de vue de la position du problème.
Les expérimentateurs, peu nombreux d'ailleurs,
cherchent d'habitude à confirmer l'une ou l'autre des hypothèses classiques. La loi du moindre effort domine particulièrement les expé-

riences des jeunes psychologues. Nous devons
cependant faire une place à part aux recherches sur l'étude expérimentale des temps de
réaction; on y trouve des contributions préci-
ses et la psychologie expérimentale, quoi qu'on
dise, doit beaucoup aux laborieux psychologues, qui torturèrent le HIPP et le d'ARSONVAL
pendant de nombreuses années. ⸺

Nous désirons dans ce travail faire une ex-
position nourrie de faits sur les données pathologiques de l'attention; nous voulions savoir quels sont les contributions expérimentales
et cliniques sur l'attention, pour saisir, si possible, les facteurs psycho-pathologiques et normaux de cet aspect de l'intelligence. Nous
ne distinguerons point les travaux de physiologie de ceux de psychologie pure. Une
pareille distinction, coutumière d'ailleurs chez
les psychologues, ne saurait répondre à notre
avis à aucune conception réellement scientifique, car où finit le phénomène physiologique et où commence le phénomène psychologique ? Les considérations si spirituelles de
R. MAC-DOUGALL sont très intéressantes à ce
sujet et nous espérons y revenir. L'attention,
cette synthèse des nombreux facteurs psycho-
physiologiques, ne se prête guère à une pa-

reille analyse ; et c'est peut-être la raison
pour laquelle tant de théories n'avancent en
rien le problème, mais contribuent au contraire
à rendre classiques les éternels malentendus
sur la position des problèmes, si facilement
fortifiés par l'éternelle agilité et la prodigalité
du moindre effort. Nous reviendrons d'ailleurs dans notre *Psychologie de l'Attention* sur
les autres aspects du problème, sur les théories, et nous essayerons de préciser la portée
de cette manière d'être de l'intelligence, peut-
être la plus compliquée, la plus caractéristique
de la pensée. Contentons-nous pour le moment
de poser que l'attention est pour l'intelligence
ce que l'irritabilité réflexe est pour le système
nerveux.

Puis exposons les faits et essayons de tirer
les conclusions légitimes et nos aperçus personnels.

Si nous cherchons dans la littérature psychologique contemporaine les essais synthé-
tiques parus sur l'attention nous trouvons
quatre volumes dont trois récents. Ce sont,
chronologiquement, ceux de MM. TH. RIBOT [1],

1. TH. RIBOT. *Psychologie de l'Attention*. Paris, F. Alcan,
1889, 1 vol. 180 p.

W.-B. Pillsbury [1], J.-P. Nayrac [2], et Ed. Rœh-
rich [3].

L'auteur de ce dernier volume n'aborde même
pas l'étude pathologique de la question qu'il
étudie. Dans chacun des trois autres volumes,
un chapitre est réservé à la psycho-pathologie
de l'attention. Mais seul, l'ouvrage de M. Ribot,
le plus ancien, écrit voici déjà quelque vingt
ans, nous semble avoir réellement posé la question. Non que les grandes divisions nous en
semblent définitives : nous verrons au contraire dans nos conclusions que nous nous sé-
parons sur des points fondamentaux de la classification des troubles de l'attention proposée
par l'auteur. Mais parce que, dans ce petit
volume cependant essentiellement théorique et
défendant une thèse périphérique et motrice
que nous n'acceptons pas, les troubles de l'attention sont envisagés dans leur ensemble et
répartis d'un point de vue nettement psycho-

1. W. B. Pillsbury. *L'Attention*. Paris, Oct. Doin, 1903,
1 vol. 305 p.

2. J.-P. Nayrac. *Physiologie et Psychologie de l'Attention*,
— évolution, dissolution, rééducation, éducation. Paris,
F. Alcan, 1906, 1 vol. 263 p.

3. Edouard Roehrich. *L'Attention spontanée et volontaire*,
son fonctionnement, ses lois, son emploi dans la vie pra-
tique. Paris, F. Alcan, 1907, 1 vol. 1/...

logique. Aussi, à l'heure actuelle, la position du problème de la pathologie de l'attention nous semble-t-elle n'avoir été vraiment examiné que dans ce travail C'est pourquoi nous rappellerons quelles en sont les données, quelles sont les grandes divisions du problème selon M. Ribot, et nous devons le faire d'autant plus que nous aurons par la suite à critiquer ces données elles-mêmes.

Disons cependant un mot des conceptions de MM. Pillsbury et Nayrac sur la pathologie de l'attention. Le point de vue auquel ils se placent, pour insuffisant ou faux qu'il nous paraisse, ne doit point être omis.

Pour W.-B. Pillsbury, la pathologie de l'attention se confond avec les phénomènes de dédoublement de la personnalité, de subconscience et d'hypnose; l'auteur effleure même en passant la psychologie du rêve. Tout cela en neuf pages!

Ce sont surtout les cas cités par A. Binet et par W. James qui servent de bases à ses commentaires. C'est évidemment là la partie défectueuse du volume. Autre chose est d'étudier l'attention dans les phénomènes du somnambulisme naturel ou provoqué, autre chose est de faire la pathologie de l'attention et autre chose encore est d'examiner l'état de l'attention pendant le

sommeil. Il y a là, à notre point de vue, trois
chapitres, qui ont peut-être entre eux un certain rapport, mais qui ne se confondent pas. Un
examen très superficiel peut seul rapprocher
ces aspects divers du problème, alors qu'au contraire un examen plus minutieux les délimite
progressivement. Il eut été bon, en tous cas, de
justifier cette conception.

« Il y a dans l'aliénation, ajoute seulement
PILLSBURY, de nombreux exemples d'accentua-
tion semblable dans le système, ou de déca-
dence générale de tous les éléments de contrôle ;
mais il faudrait un examen bien plus étendu
et plus technique que celui que nous pouvons
donner ici pour montrer les aspects quelque
peu différents des phénomènes dont nous avons
déjà parlés ; et encore n'aurions-nous qu'une
amplification des faits déjà traités. » (p. 267).

C'est avancé bien *a priori* une conclusion ;
et cela d'autant plus que cette conclusion traite
d'une façon peut-être un peu légère la valeur
de la méthode psycho-pathologique en psychologie expérimentale.

C'est à cette méthode psycho-pathologique que
M. NAYRAC semble avoir voulu s'adresser pour
traiter de la pathologie de l'attention. Mais il
s'est borné aux données psychiatriques qui lui

étaient en somme assez peu coutumières, au lieu d'avoir recours aux recherches qui appliquent les procédés expérimentaux aux données usuelles de la clinique psychiatrique.

Quelques pages seulement nous renseignent sur les résultats expérimentaux obtenus par l'auteur au laboratoire de l'Asile clinique Sainte-Anne. Ces quelques pages, malgré les critiques qu'on pourrait faire en chicanant un peu, valent mieux, à notre sens, que l'inutile et long verbiage plus ou moins psychiatrique qui précède, et nous aurons à en reparler au cours du présent travail. Mais vraiment elles restent trop brèves et trop insuffisantes. Aussi, dans ce volume encore, ce chapitre pathologique nous paraît-il extrêmement faible bien qu'inutilement étendu.

Il faut donc revenir à M. RIBOT pour trouver du point de vue psychologique, une classification qui veuille être complète des troubles de l'attention. Les cas franchement morbides sont les seuls qui semblent présenter à l'auteur un véritable intérêt. Aussi, rejetant avec raison la classification habituelle en psychiatrie, étudie-t-il les formes pathologiques selon qu'elles sont une hypertrophie ou une atrophie de la fonction normale ainsi définie : « la prédomi-

nance *temporaire* d'un état intellectuel, ou d'un
groupe d'état, avec adaptation naturelle ou artificielle de l'individu ». L'hypocondrie, l'extase
seront classées parmi les hypertrophies ; les
troubles caractéristiques de l'hystérie, de la
psychasthénie présenteront des exemples typiques des atrophies de l'attention. En remar-
quant que les hypertrophies sont surtout des
phénomènes d'attention spontanée, et les atrophies des cas morbides de l'attention volontaire,
M. Ribot trouve d'ailleurs un argument en faveur
de sa théorie motrice et périphérique : l'attention spontanée, d'origine naturelle, dépendant
d'états affectifs immédiats, se transformera,
grossira par la maladie, tandis que l'attention
volontaire, médiate, artificielle, sera plus ou
moins détruite. Dans un troisième groupe enfin
viendront se ranger les affections congénitales,
les cas où l'attention, soit spontanée, soit volontaire, n'a pu se développer.

Telles sont les grandes divisions propo-
sées. Voyons quelles en peuvent être les sous-ti-
tres.

Dans les hypertrophies de l'attention, trois
formes principales d'idées fixes seraient à dis-
tinguer :

1° Les idées fixes purement intellectuelles,

occupant le champ de la conscience sans se manifester par des actes importants;

2° Les idées fixes de caractères émotionnels (phobies, etc.).

3° Les idées fixes de nature impulsive (tendances au meurtre, etc.).

Ces deux dernières formes relèvent plutôt de la psychologie des émotions ou de la volonté et Ribot s'en tient au premier groupe, intéressant directement la psychologie de l'attention. Il décrit plusieurs cas typiques : une hystérique atteinte d'arithmomanie (d'après Buccola); un malade confessant sa manie métaphysique (Griesinger); un étudiant se perdant en considérations sur l'origine et la valeur des billets de banque (Tamburini). Dans tous ces cas, l'idée fixe est de même nature que l'attention spontanée; son origine est nettement affective; elle n'est, selon Ribot, que le phénomène normal considérablement grossi; l'idée fixe est l'attention spontanée normale, mais s'étendant dans le temps, ne permettant plus la diffusion nécessaire au bon équilibre de la vie mentale, par suite de la diminution de volonté nécessaire à sa production. L'idée fixe serait alors à l'intelligence ce que la contracture est à l'organisme : une « tension excessive »; mais elle reste — c'était du reste aussi l'avis de Buccola, — un phénomène d'attention. Il y a différence de degré, point de nature.

Ces idées fixes ne représentant que la forme chronique de l'attention hypertrophiée, la forme aiguë en est l'extase et M. Ribot nous en donne l'analyse, suivant Sainte Thérèse. On sait que l'illustre fondatrice du Carmel nous a laissé tout un traité : le *Castillo interior* (le château intérieur) qui n'est qu'un guide du mystique dans la voie de l'extase. Pour atteindre ce but, il faut parcourir sept étages. Ce sont, pour employer le langage de la Sainte : 1° l'oraison vocale; 2° l'oraison mentale; 3° l'oraison de recueillement; 4° l'oraison de quiétude ; 5° l'oraison d'union; 6° l'oraison de ravissement ; 7° le vol de l'esprit, l'extase. Ribot interprète psychologiquement cette terminologie religieuse et montre comment chaque degré n'est qu'un rapprochement vers le monoidéisme absolu où l'intelligence concentrée tout entière sur un seul point, finit par s'anéantir en elle-même. Il arrive, à ce degré suprême, que la conscience s'évanouisse à force de concentration. Doit-on dire cependant qu'un état de conscience uniforme ne peut subsister ? Ce serait dépasser les conclusions de Ribot. Au contraire l'exemple des grands mystiques lui paraît une preuve expérimentale de ces cas de conscience uniforme. S'il est devenu banal de dire que la conscience s'abolit par l'uniformité, il n'en est pas moins vrai que les grands mystiques de tous les temps et de tous les pays ont connus cet état exceptionnel. La conscience n'y demeure qu'un instant ; à peine cette septième demeure est-elle atteinte que l'inconscience extatique envahit l'esprit ; mais il est pourtant entré dans la septième demeure.

M. Ribot nous apporte une documentation moins nourrie sur les atrophies de l'attention. Nous trouvons d'abord le double groupe des maniaques et des hystériques. Ces malades sont des épuisés. Un défaut de nutrition a diminué leur force nerveuse : les fonctions d'arrêt sont plus ou moins abolies, le polyidéisme normal devient chez eux un état de diffusion mentale plus ou moins intense. La même diffusion se retrouve à l'état aiguë dans l'ivresse, et l'observation est ici d'autant plus intéressante qu'on peut suivre l'abolition graduelle de la puissance d'attention depuis l'état de simple verve qui suit un bon repas, état dans lequel on laisse échapper bien des propos qu'on eût retenus à l'état normal, jusqu'à l'état extrême où les réflexes et les mouvements respiratoires eux-mêmes sont abolis.

Dans le cas particulier de l'idiotie, l'attention ne parvient pas à se constituer; et c'est là l'écueil contre lequel échouent le plus souvent les efforts des éducateurs. La principale cause de cette insuffisance d'attention se trouverait dans l'état de l'appareil moteur, les idiots étant en général des automatiques, des paralytiques ou des épileptiques.

En résumé, pour M. RIBOT, les cas morbides montrent que l'attention est, non une faculté, mais une forme accidentelle de notre vie mentale. Elle se pourrait figurer schématiquement par une ligne droite bifurquant aux extrémités. Au centre serait l'attention spontanée; à droite, dans le sens de la plus grande intensité, on passerait par la préoccupation pour arriver à l'idée fixe et à l'extase; à gauche, en passant par l'attention volontaire on arriverait aux atrophies extrêmes.

Malheureusement M. RIBOT fait rentrer lui aussi dans les troubles de l'attention, le phénomène de l'attention dans les rêves et dans l'hypnose. L'attention peut-elle se constituer dans les rêves? Ecartant les cas d'activité inconsciente de l'esprit (solution de problèmes, etc.), RIBOT, admet que l'attention volontaire peut, dans certains cas exceptionnels et chez des individus habituellement attentifs, se constituer bien que l'état de rêve soit l'état le moins propre à provoquer ce monoidéisme relatif qu'est l'attention. Le sommeil ne serait réparateur que parce qu'il serait la suspension temporaire de l'effort. Quant au somnambulisme naturel ou provoqué, RIBOT, sans se prononcer définitivement, s'élève contre l'opinion des premiers hypnotiseurs qui considéraient plus ou moins l'hypnose comme une concentration de l'attention. La critique de cette théorie a du reste déjà été faite par STANLEY HALL [1] et GURNEY [2]. De plus les expériences du P. KIRCHER, de CZERMAK et de PREYER, si souvent répétées depuis, dans lesquelles des poules et des écrevisses furent mises en état d'hypnose, deviennent bien difficiles à expliquer par la théorie de BRAID.

Telles sont les diverses façons dont on a envisagé la position du problème. On voit que de toutes ses tentatives, celle de M. RIBOT reste la plus synthétique. Nous ne suivrons cependant pas cette double division entre troubles *hyper* et troubles *hypo* qui ne nous semble pas, comme

1. STANLEY HALL. *Mind.* avril 1885.
2. GURNEY. *Mind.* octobre 1884.

nous l'indiquerons dans nos conclusions, correspondre à la réalité des faits. Nous ne répéterons pas non plus les vagues généralités sur la question qu'on peut trouver dans tous les Manuels de Psychiâtrie.

Nous resterons sur le terrain strictement expérimental.

Ce n'est, pensons-nous, que par l'application des méthodes de la psychologie expérimentale à la psychiâtrie que peut se constituer positivement la psychologie pathologique. Aussi ce travail, traitant de la psycho-pathologie de l'attention, ne retiendra-t-il que les données fournies par les laboratoires, ou par les méthodes employées dans les laboratoires. Tel doit être, à notre sens, la position du problème.

CHAPITRE II

Les premières recherches expérimentales

Ce n'est que péniblement, par tâtonnements successifs, et non par une de ces éclosions heureuses et quasi spontanées comme on en cite dans l'histoire des sciences que les méthodes de laboratoire ont été acceptées au cours du XIXᵉ siècle, des aliénistes d'une part, des philosophes de l'autre. Les premières recherches par lesquelles les psychologues cherchèrent à préciser les données de la clinique mentale ou à provoquer des troubles expérimentaux de l'attention, expriment ce bel effort de la psychologie expérimentale, encore hésitante dans l'application de ses méthodes et de ses dispositifs.

Sans nous attarder à ce point de vue trop purement historique, notre simple exposé des

premiers résultats obtenus dans les laboratoires
— résultats qui datent d'hier! — nous mon-
trera les chercheurs au travail, appliquant à la
psycho-pathologie de l'attention une technique
expérimentale dont l'usage est maintenant banal et l'application familière. Notre but n'est
donc pas de faire un travail encyclopédique,
mais de rappeler les résultats des recherches
qui nous semblent avoir été caractéristiques.

Un des premiers SANCTE DE SANCTIS [1] a étudié
d'une façon expérimentale les troubles de l'attention, en appliquant la méthode [2] du calcul
mental à l'examen psychologique qu'il fit du
jeûneur Succi. Le résultat fut très net : les opé-
rations simultanées (additions et multiplications)
facilement effectuées avant le jeûne, ne purent
l'être après bien que posées dans les mêmes
conditions. Retenons donc l'hypoproséxie —
car en effet c'est bien ici une des formes de
l'attention qui est en jeu — résultant de l'ané-
mie causée par le jeûne.

---

1. SANCTE DE SANCTIS. Lo studio sperimentale dell'attenzione. *Bolletino della Società lancisiana degli ospedali di
Roma,* anno XIV, 1875.

2. On trouvera dans notre volume à paraître : *La Psychologie de l'Attention* l'exposé de notre technique personnelle pour l'étude de l'attention.

Le même auteur [1] est revenu du reste sur la question en donnant l'observation d'un individu présentant une profonde dépression mentale, avec impulsions diverses, pertes de mémoire, etc. Chez ce malade le moindre effort d'attention, au lieu d'éclaircir les idées, ajoutait à la confusion. Commissionnaire de son métier, il s'était mis pour corriger son amnésie, à employer les mille et uns petits moyens, points de repère dans l'espace et dans le temps, que les malades emploient spontanément dans les cas analogues. Le résultat fut pour lui des plus décevants, et il s'aperçut bientôt qu'il pouvait fort bien se conduire à condition de se laisser aller automatiquement, de n'accorder aucune attention au chemin qu'il avait à suivre ou aux actes qu'il devait accomplir. L'effort le plus insignifiant l'embrouillait au contraire et le désorientait complètement. L'attention consciente, chez ce dégénéré, est donc entièrement abolie et son abolition peut se constater et être provoquée expérimentalement.

Dans un travail plus récent, SANCTE DE SANC-

---

1. SANCTE DE SANCTIS. Sopra uno speciale disturbo dell' attenzione in un degenerato. *Bolletino del. Societ. lauc. d. osped. di. Roma,* ann. XIV, 1877.

TIS [1] utilisait pour mesurer l'hypoproséxie de ses sujets le rétrécissement du champ visuel, méthode dont nous aurons à reparler à propos des recherches de M. PIERRE JANET.

OBERSTEINER [2] a recherché les temps des principaux processus psychologiques dans la période d'affaiblissement psychique qui précède l'imbécilité. Il conclut à un ralentissement général de toutes les fonctions mentales.

BUCCOLA [3] apporte des chiffres qui montrent bien, eux aussi, le ralentissement de l'attention consciente et volontaire dans les maladies mentales. Les maxima et minima fournit par cet auteur sont très caractéristiques. Nous reproduisons quelques-uns de ces chiffres moyens. Le racourcissement du temps de réactions chez les épileptiques est à noter.

1. SANCTE DE SANCTIS. Lo studio dell' attenzione conativa. *Atti della Società Romania di anthropologia*, vol. IV, fasc. II, 1896.

2. OBERSTEINER. — *Virch. Archiv*, volume LIX, fasc. 3 et 4.

3. BUCCOLA. — Recherches sur la durée des processus psychiques élémentaires. *Rivista di Filosofia scientifica*, t. I, n° 1, juillet 1881. — Sur la mesure du temps dans les actes psychiques élémentaires. La période physiologique de réaction chez les aliénés. *Rivista spérimentale di Freniatria e di médicina legale*, Anno VII, fasc. 3. — La legge del tempo nei fenomeni del pensiero. — Milan, 1885, 1 vol. in-8, in *Biblioteca scientifica internat.*

Les premières expériences de Buccola portèrent sur toutes les formes d'aliénation mentale caractérisées, mais surtout sur les imbéciles et les idiots. Sur ces sujets, l'auteur mesure les temps de réaction à des impressions auditives et à des impressions produites par des courants d'induction. Les résultats peuvent se résumer en trois conclusions principales :

1° La durée moyenne des réactions est considérablement allongée.

2° La réaction minima et considérablement plus lente que chez les normaux.

3° L'écart que l'on constate, chez un même sujet, entre la réaction minima et la réaction maxima est beaucoup plus considérable que chez les normaux.

Les résultats obtenus sur les déments sont analogues. Notons toutefois que les réactions minima chez ses malades sont encore plus élevées que les réactions maxima chez les normaux.

Buccola a depuis repris et complété ces expériences. Les nouveaux écarts entre maxima et minima qu'il a notés restent très caractéristiques. Remarquons qu'il fut le premier, à notre connaissance, à relever le racourcissement du temps de réaction chez certains épileptiques.

Nous reproduisons, à titre documentaire quelques-uns de ses chiffres moyens :

Epileptique délirant.	0"119	
Folies mystiques . .	0"157	Réactions
	0"178	auditives.
	0"281	Réactions
	0"285	tactiles.
Persécuté.	0"196	Réact. auditives.
	0"317	Réact. tactiles.
Hystérique femme. .	0"390	Réact. tactiles à l'état de veille.
	0"330	Réact. tactiles pend. l'hypnose.

Nous devons ici ouvrir une parenthèse, — puisque nous voici arrivés aux premiers temps de réaction intéressants notre sujet — et rappeler les chiffres moyens obtenus *sur des normaux* par les premiers expérimentateurs. Ces chiffres serviront de terme de comparaison.

Mesurant le *temps de réaction tactile simple* sur des sujets normaux : Vintschgau et Hönigschmied [1], donnant l'excitation sur le médius

---

1. Vintschgau et Hönigschmied. *Ach. de Pflüger*, 1875, t. X.

de la main droite et faisant réagir avec la main gauche, trouvent les moyennes suivantes chez trois sujets normaux :

$$0''1563 \qquad 0''1790 \qquad 0''1299$$

Vintschgau et Steinach [1], donnant l'excitation sur la face dorsale du bord radial de la main gauche et faisant réagir la main droite obtiennent comme moyennes :

VINTSCHGAU 0''123   STEINACH 0''109.

Kries et Auerbach [2] reprenant ces expériences sur eux-mêmes donnent, comme résultats de trois séries d'expériences.

KRIES	0''118	0''153	0''121
AUERBACH	0''142	0''166	0''145
WUNDT [3] donne comme moyenne 0''1130			
HIRSCH [4]	—	—	0''1820
HAENKEL [5]	—	—	0''1546

1. VINTSCHGAU et STEINACH. *Arch. de Pflüger*. 1877, p. 540.

2. KRIES et AUERBACH. — *Arch. füi Anat. und Physiol.*, 1877, p. 371.

3. WUNDT. Eléments de Psychologie physiologique. — 2ᵉ édit., p. 230.

4. HIRSCH, in *Untersuchungen de* MOLESCHOTT, t. IX, p. 199.

5. HAENKEL. Ann. de POGGENDORFF, t. CXXXII, p. 131.

EXNER[1] donne comme moyenne 0″1337
BUCCOLA   —   —   0″1360 et 0″1450
RENÉ[2]   —   —   0″202

Fermons ici cette courte parenthèse et revenons à l'étude des cas pathologiques.

Un des premiers M. CHARLES RICHET[3] a songé à examiner l'état de l'attention pendant l'ivresse de l'intoxication hachichique aiguë. Il prit dans ce but les temps de réaction tactile simples de trois sujets à l'état normal, puis pendant l'hyperexcitabilité de l'empoisonnement produit par le hachich.

Voici quels étaient, à l'état normal, ces temps de réaction chez les trois sujets.

GLEY.		RONDEAU.		CH. RICHET.	
1re rép.	0″252	1re rép.	0″201	1re rép.	0″280
2e —	0″198	2e —	0″216	2e —	0″280
3e —	0″183	3e —	0″165	3e —	0″270
1re —	0″216	1re —	0″329	1re —	0″190
2e —	0″162	2e —	0″205	2e —	0″176

Moyenne : 0″211

1. EXNER. *Arch. de* PFLÜGER. VII, p. 645, 648-49.

2. RENÉ. *Gazette des Hôpitaux*, 1882, p. 277.

3. GLEY, RICHET et RONDEAU. Note sur le hachich. *Revue philosophique*, 1885, XX, p. 105.

Voici, comparativement, des séries de chiffres obtenus par le même expérimentateur sur deux sujets hachiclés.

LA...			RICH...		
1re	réponse	0"340	1re	réponse	»
2e	—	0"936	2e	—	0"660
1re	—	0"292	1re	—	»
2e	—	0"479	2e	—	0"367
			1re	—	0"403
			2e	—	0"522
			3e	—	»
			4e	—	8"435

Moyenne : 0"492.

Le lendemain de l'intoxication, le sujet La... présentait encore les réactions suivantes :

LA...		
1re	réponse	0"238
2e	—	0"212
3e	—	0"198
1re	—	0"281
2e	—	0"233
3e	—	0"223

Moyenne : 0"232.

Ces chiffres établissent donc d'une façon constante l'hypoprosexie du hachiché. Il aurait été extrêmement intéressant, au point de vue psychologique, de prolonger ces réactions, de les compléter et de les contrôler surtout par les autres procédés de mesure de l'attention afin de pouvoir saisir dans son ensemble la synthèse mentale des sujets et de pouvoir apprécier le mécanisme mental de ces hypoprosexiques expérimentaux.

Tschisch [1] reprit les expériences de OBERSTEINER et BUCCOLA sur les temps de réaction chez les aliénés. Il calcula aussi les temps d'association. Il constata la réduction des temps d'association, mais ne put conclure pour ce qui est des temps de réaction (simples ou de choix) L'appareil employé fut le chronoscope de HIPP.

MARIE WALITZKY [2] entreprit de nouvelles recherches dans ce sens.

Elle fait à ce propos une assez vive critique des expériences de TSCHISCH, critique qui ne semble d'ailleurs pas toujours suffisamment justifiée.

1. TSCHISCH. Wiestnik Psychiatrii, 1885, sec. vol., m. 2.
2. MARIE WALITZKY. Contribution à l'étude des mensurations psychométriques chez les aliénés. *Revue philosophique*. Déc. 1889. XIV année. n° 12.

Tschisch ne fit porter ses mensurations que sur des sujets malades; le point de comparaison manquait donc et, si l'on en désirait un, il fallait le chercher parmi les chiffres d'autres expérimentateurs.

Il y a — nous venons de le voir — entre les résultats obtenus par les premiers expérimentateurs des différences très appréciables. WALITZKY a donc estimé qu'il fallait faire soi-même et simultanément des expériences sur des sujets anormaux et sur des normaux, cela d'autant plus qu'une importante cause de différentiation entre les chiffres des divers expérimentateurs, se trouve dans les particularités inhérentes aux observations elles-mêmes. Dans ses expériences personnelles, se plaçant dans des conditions aussi semblables que possible, WALITZKY obtient des chiffres comparables entre eux. Elle ne se sert pour ces mesures que du chronoscope de HIPP, qui avait été aussi, nous l'avons vu, l'appareil adapté par TSCHISCH.

Les expériences furent faites sur des paralytiques généraux, tous de la classe instruite, ce qui semblait, bien à tord, indispensable à l'auteur : trois médecins, un caissier, deux capitaines, un négociant. Ces malades s'intéressaient fortement aux expériences. Quant aux

personnes normales qui s'offrirent comme sujets,
« elles étaient de véritables collaborateurs. »
Peut-être y a-t-il dans cet intérêt que les sujets
prennent aux expériences, non, comme le pense
WALITZKY, un grand avantage, mais un inconvénient. « Je dois cependant faire remarquer,
ajoute l'auteur, que journellement je devais
éliminer les premières expériences qui me don-
naient des chiffres trop élevés relativement à
ceux que j'obtenais ensuite ».

Remarquons à ce propos — et pour n'y plus
revenir — que cette élimination classique des
premiers temps de réactions obtenus sur un
sujet ne nous semble pas le moins du monde
justifiée en psychologie pathologique. Si sur
des sujets normaux elle doit être faite dans la
majorité des cas, sur tous les sujets anormaux
il convient de tenir compte de tous les temps
de réaction depuis le premier jusqu'au dernier.
On pourra ainsi trouver dans le plus ou moins
de difficulté à l'adaptation de l'attention à un
travail donné de précieuses indications dont les
auteurs semblent s'être privés à plaisir. Il serait
au contraire à souhaiter que l'étude de ces premiers temps de réaction, marquant l'effort d'a-
daptation du sujet, eussent fait l'objet de monographies psycho-pathologiques.

Tschisch faisait sur chaque malade des séries de dix expériences et annulait toute série incomplète. WALITZKY n'observe pas ce principe. Elle fait sur tel malade jusqu'à quinze expériences, sur tel autre, quelques-unes seulement, selon la plus ou moins grande facilité.

Tschisch, pour le temps de choix, faisait enregistrer les sons forts par la main droite, les sons faibles par la main gauche. WALITZKY, estimant que l'intensité du son n'entre pas seule en jeu, ne fait enregistrer que les sons forts et ceci pouvait présenter un assez grand intérêt.

Elle introduit en outre au nombre des expériences, la mensuration du temps d'addition des nombres d'un seul chiffre comme représentant le plus simple cas d'association. Elle divise les expériences sur l'association en trois groupes :

1° Associations externes, par consonance. Ex. : larme — alarme.

2° Associations internes, réponses sensées et raisonnées. Ex. : la table — est ronde.

3° Associations par habitude. Ex. : Léon — Tolstoï.

Ce dernier groupe des associations par habitude a été imaginé par WALITZKY. Elle y trouvera les associations les plus rapides et constalora, ce qu'on eût pu prévoir *a priori*, que plus le sujet est instruit, plus il a d'associations par habitude à sa disposition. Chaque spécialiste, chaque groupe social ou ethnographique a des associations qui lui sont propres.

Les associations externes peuvent, en grande partie, rentrer sous ce titre. Ces dernières expériences purement automatiques corroborent l'hypothèse de Tschisch d'après laquelle la réduction de la durée des associations pendant la première période de la paralysie générale s'explique par l'affaiblissement de l'activité de l'aperception.

De ces diverses expériences, Marie Walitzky tire quatorze conclusions qui lui permettent d'établir les propositions suivantes que nous devons citer in-extenso.

« *a.* Si l'on admet que la réduction du temps d'association dépend de la faculté de reproduire inconsciemment les associations des mots jadis apprises ou fixées dans la mémoire, on peut en conclure qu'au début de l'affaiblissement intellectuel dans la paralysie générale, la fonction automatique des facultés intellectuelles est accrue.

« *b.* Parallèlement à cet accroissement de la fonction automatique des facultés intellectuelles, diminue l'activité de la volonté.

« c. A mesure que les facultés intellectuelles s'éteignent, la fonction automatique diminue aussi et enfin la perception même des impressions simples se ralentit.

« d. L'activité intellectuelle ne se rétablit pas parfaitement même dans la période de rémission presque complète.

« e. Lorsque le processus pathologique s'accentue, la fonction automatique s'accélère de nouveau avec la diminution correspondante de l'activité de la volonté ».

On le voit les premières recherches des travailleurs de laboratoire sont loin d'être infructueuses. Elles conduisent à des conclusions qui sont à retenir. Méthode du calcul mental, méthode psycho-pathologique, méthode psychométrique sont déjà appliquées à la clinique mentale pour l'étude de la pathologie de l'attention ; déjà elles différencient les aspects du problème que préciseront les recherches ultérieures.

CHAPITRE III

Les données psychométriques de Rémond
(de Nancy)

La thèse du Dr ANTOINE RÉMOND [1], soutenu à Nancy en 1888, sur *la vitesse des courants nerveux à l'état normal et à l'état pathologique* fournit à l'étude de la pathologie de l'attention des documents nombreux et qui sont de première importance, grâce à la conscience expérimentale de l'auteur. Bien qu'ancien, c'est à notre sens un des meilleurs travaux et peut-être le meilleur travail français, paru sur la question des temps de réaction. Remarquons

1. ANTOINE RÉMOND. Contribution à l'étude de la vitesse des courants nerveux et de la durée des actes psychiques les plus simples à l'état normal et à l'état pathologique. Nancy, 1888. Imprimerie Paul Sordoillet. 1 vol. 131 p. avec fig. et tableaux.

d'ailleurs que les travaux de l'école de Nancy apportent à la psychologie de l'attention une importante contribution.

Le dispositif expérimental de A. RÉMOND, lui étant assez personnel, nous devons en dire un mot, après quoi nous donnerons ceux de ses résultats qui intéressent le plus la question qui nous occupe. Les temps de réaction pris soit sur des normaux adultes, soit sur des vieillards, soit sur des aliénés de l'asile de Maréville, ont été obtenus à l'aide du chronomètre de d'Arsonval. Ces réactions sont des réactions tactiles simples ou de choix. L'excitation est fournie soit par la boule ordinaire du marteau de d'Arsonval, soit par une pointe conique, remplaçant cette boule, soit par une pointe aiguë. RÉMOND estime être arrivé après un certain nombre d'essai a une régularité très suffisante dans l'intensité de l'excitation qu'il fournissait au moyen de ce marteau.

L'expérimentateur frappe sur la partie de la peau qui recouvre la face dorsale du premier métacarpien (désignée sous le nom d'Em. Thén. dans le travail de RÉMOND) ; les premiers temps de réaction obtenus sont toujours négligés pour laisser au sujet le temps de s'accoutumer à l'appareil. Après 30 ou 40 réactions ainsi ob-

tenues et ayant à peu près même valeur, l'excitation est donnée successivement au sommet
de l'acromion, à la pointe de la malléole externe
et au sommet du grand trochanter. Puis la
boule du marteau de d'ARSONVAL est remplacée
par la pointe conique et RÉMOND prend deux
nouvelles séries de chiffres au premier métacarpien et au sommet de l'acromion. Ensuite le
sujet est averti qu'il va sentir alternativement
la pointe et la boule du marteau, mais qu'il ne
devra réagir qu'à l'une des deux excitations,
celle de la pointe par exemple. « Nous touchons
alors irrégulièrement, dit RÉMOND, et en cher-
chant à surprendre l'individu examiné, l'émi-
nence thénar tantôt avec la boule, tantôt avec
la pointe, en ayant soin de ne faire passer le
courant qu'à travers celui des deux instruments
auquel il doit réagir, si bien que l'aiguille ne
se met en mouvement que pour être arrêtée ».
(p. 16-17). La presselle de l'appareil est ensuite
placée au pied du sujet, la vis de contact près
du gros orteil probablement; et deux séries de
chiffres sont ainsi obtenues, l'une fournissant
les temps de réaction aux excitations du premier métacarpien, l'autre ceux répondant aux
excitations de la malléole externe. Enfin les
expériences sont terminés par l'examen, à l'aide

du compas de WEBER, de la sensibilité des points excités.

Chaque sujet fournissait donc neuf séries de chiffres. La moyenne était obtenue comme suit. Nous reproduirons le texte même de l'auteur, ces questions de technique et de méthode étant, à notre avis, de première importance.

« Prenons, dit RÉMOND, un exemple pour rendre l'explication plus facile. — Soit obtenue par excitation de l'Em. Thén., et réaction à la main la série suivante :

$$15 - 15 - 15 - 16 - 13 - 14$$
$$13 - 16 - 15 - 13 - 16 - 16$$
$$14 - 15 - 16 - 16 - 15 - 19$$
$$15 - 16 - 13 - 15 - 15 - 21$$
$$15 - 18 - 15 - 15 - 17 - 15$$
$$27 - 9 - 31 - 15 - 15 - 14$$
$$13 - 13 - 14 - 17 - 13 - 16$$
$$15 - 14 - 15 - 15 - 15 - 15$$
$$15 - 16 - 16 - 16 - 15 - 15$$

« Soit 54 chiffres inscrits, les premiers ayant été laissés de côté. Nous trouvons le chiffre : 15 répété 22 fois.

$$15 \quad \text{répété} \quad 22 \quad \text{fois}$$
$$14 \quad - \quad 6 \quad -$$

16   répété   11   fois
13   —   8   —

$$
\left.\begin{array}{l}
9 \\
17 \\
18 \\
19 \\
21 \\
27 \\
31
\end{array}\right\}\text{ chacun 1 ou 2 fois.}
$$

« Nous laissons de côté le chiffre 9 pour lequel une erreur d'expérience est toujours possible ; nous ne considérons pas non plus les chiffres 17, 18, 19, 21, 27, 31, qui, répétés isolément chacun 1 fois, ne sont que l'expression des moments d'inattention du sujet.

« Restent donc : $22 \times 15 = 330$
$6 \times 14 = 84$
$11 \times 16 = 176$
$9 \times 13 = 78$
———
Soit :   668

« à diviser par $22 + 6 + 11 + 6 = 45$ ce qui donne :

$$\frac{668}{45} = 14,84$$

« Si maintenant l'aiguille fait le tour du cadran en 1″1 par exemple, chaque division vaudra 1″1/100 ; pour avoir le temps auquel équivaut ce chiffre de 14, 73, nous le multiplierons par 1″,1. Soient 16,320 centièmes de seconde ou 0″1632.

« Multiplions par 1, 1 le plus faible et le plus élevé des chiffres obtenus, ce qui donne 9, 9 et 34, 1 et nous aurons ainsi une ligne de nos tableaux constitués.

T. minimum	T. maximum	T. moyen
0″09	0″34	00″1632

(p. 17 et 18). »

Le dispositif expérimental du Dr RÉMOND ét sa technique de numération étant connus, examinons les principaux résultats de ces expériences. Les premières observations, devant servir de criterium, portent sur des *sujets sains*, étudiants ou soldats. Les temps de réaction varient entre 0″11 et 0″21 pour les réactions tactiles simples répondant à l'excitation donnée par la boule du marteau, et entre 0″07 et 0″15 lorsque l'excitation est fournie par une pointe.

Les temps de choix oscillent entre 0″16 et 0″25, les différences entre le temps de réaction

simple et le temps total de discernement étant
comprise entre 0″0434 et 0″905 pour les soldats
et entre 0″05 et 0″925 pour les étudiants.

Deux séries de chiffres sont prises par un
temps d'orage et quatre séries après cet orage.
Les chiffres, surtout ceux de réactions simples
sont plus élevés pendant l'élévation de la tem-
pérature atmosphérique précédant l'orage qu'a-
près. On sait que Dietl et Vintschgau avaient
du reste déjà noté cet accroissement sous l'influence de la chaleur.

De même l'influence de la distraction, signa-
lée aussi par Wundt et Charpentier, est consta-
tée par Rémond. Les temps de réaction de deux
étudiants sur lesquels il expérimente augmen-
tent lorsqu'un métronome bat la mesure à côté
du sujet.

Rémond expérimenta ensuite sur 13 *vieillards*
d'hôpital, oscillant entre 62 et 80 ans, plus
deux séniles précoces de 52 et 57 ans. Les résultats obtenus sur ces 15 vieillards peuvent se ré-
partir en trois groupes.

Dans un premier groupe les temps de réactions sont sensiblement alongés. Les 6 sujets
ont de 65 à 80 ans. Le seul caractère pathologique qui leur soit commun est l'athérome ar-
tériel très prononcé.

Dans le second groupe, l'influence de la vieillesse ne semble pas se faire sentir. Il est cependant à remarquer que l'excitation plus vive fournie par un instrument piquant raccourcit moins le temps de réaction que chez les normaux. Les quatre vieillards ayant fourni ces résultats ne présentent qu'un athérome très léger des artères. Leur âge oscille entre 62 et 80 ans.

Le dernier groupe comprend les résultats fournit par les vieillards présentant à un degré très avancé les tares de la vieillesse : obnubilation intellectuelle, artério-sclérose généralisée, augmentation considérable des réflexes, tremblements, etc. Ils sont âgés de 52, 57, 68, 69, 78 ans. Les chiffres sont ici très élevés, les moyennes oscillant par ex. de 0"19, à 0"34.

Les *hémiplégiques* ensuite examinés par RÉMOND sont au nombre de : 6 cas d'hémiplégie gauche, 3 d'hémiplégie droite, 1 d'hémiplégie double.

Quatre des sujets présentaient de la sclérose descendante consécutive à la lésion cérébrale : leurs temps de réaction simple est nettement plus court du côté malade que du côté sain.

Dans les six autres cas au contraire (hémiplégie flasque) le temps de réaction simple est plus long du côté malade que du côté sain.

Le temps de choix est par contre toujours plus long du côté malade que du côté sain.

Dans sept cas de *myélites*, RÉMOND a trouvé ce résultat constant : que le temps de réaction est toujours plus long du côté de la lésion médullaire que du côté sain.

L'excitabilité et la conductibilité d'un appareil nerveux semblent donc deux fonctions solitaires, comme l'avaient soutenu, remarque RÉMOND, LUCHSINGER et SZPILMANN contre GRÜNHAGEN et RICHET [1].

Les temps de réaction chez les *paralytiques généraux* sont d'un intérêt tout particulier. Non seulement nous avons ici la lésion anatomique, la meningo-encéphalite, mais nous avons encore un élément purement psychologique dont l'influence va entrer pour une large part dans l'allongement du temps de réaction. Cet allongement est très net et très variable selon les malades. C'est qu'en effet dans cette affection si complexe, dans laquelle tant de facteurs entrent en jeu, les causes de retard à la réaction sont multiples: ce sera parfois le tremblement, parfois l'hésitation du sujet, parfois son délire, parfois l'état trop avancé de sa démence

1. GRÜNHAGEN et RICHET. *Physiologie des muscles et des nerfs.* — Paris, 1881.

qui l'empêcheront soit de fixer son attention sur l'excitation, soit d'y réagir. L'attention, chez les paralytiques généraux semble en général être plutôt sensorielle que motrice.

Les *épileptiques* forment d'après RÉMOND un type de malades à lésions inconstantes et mal définies permettant de passer des malades à lésions déterminées que nous avons examinés jusqu'ici aux malades à psychoses dites *sine materia*. Le résultat fourni par ces malades est que la longueur du temps de réaction est en rapport avec la fréquence des attaques. Le traitement bromuré diminue donc le temps de réaction. A l'inverse des paralytiques généraux, c'est la réaction motrice qui semble facile aux épileptiques.

Chez les *persécutés* et chez les *hallucinés* le temps de réaction subit un allongement constant comme l'avaient du reste déjà observé VINSTCHGAU, OBERSTEINER et BUCCOLA. Cet allongement est dû selon RÉMOND, uniquement à la distraction causée par le délire.

Les *déments* forment la dernière catégorie de malade sur lesquels RÉMOND ait expérimenté. Il semble d'ailleurs que l'état démentiel de ses sujets ait été assez avancé. Ses résultats concordent avec ceux de BUCCOLA. Dans tous les cas l'allongement du temps de réaction est constant et l'ensemble des tares anatomiques de la démence suffit largement, semble-t-il, à l'auteur à expliquer la tare psycho-physiologique.

En dehors de ces séries expérimentales, Rémond a fait quelques observations de cas isolés. Nous retiendrons celles qui se rattachent plus particulièrement à la pathologie de la question.

Chez une hystérique présentant l'hémianesthésie du côté droit, la vitesse de réaction du côté hémianesthésique est accélérée de 0"1221 (excitation au premier métacarpien).

Une autre hystérique, présentant une athétose très prononcée du côté droit, fournit, du côté athétosique, des temps de réaction simple plus court de 0"0370.

Ce raccourcissement du temps de réaction est dû selon l'auteur à une irritation fonctionnelle de la conduction motrice et sensitive de la moëlle.

Rémond a voulu préciser l'influence de la compression d'un nerf sur sa conductibilité. Malheureusement ses expériences n'ont porté que sur un seul sujet. Ayant comprimé au coude le cubital d'un sujet sain, il a obtenu les chiffres suivants.

Avant la compression :

	T. min.	T. maxim.	T. moy.
Excitation de la peau du bord cubital de la main droite.	0"11	0"19	0"1606

(40 excitations).

Pendant une compression durant cinq minutes.

	T. min.	T. maxim.	T. moy.
Excitation de la peau du bord cubital de la main droite.	0"09	0"21	0"1727

(35 excitations).

Après un repos et une nouvelle compression de même durée.

	T. min.	T. maxim.	T. moy.
Excitation de la peau du bord cubital de la main droite.	0"12	0"24	0"1882

(35 excitations).

Il semble donc qu'il y ait une augmentation très nette du temps de réaction sous l'influence

de la compression. Cependant RÉMOND se demande avec juste raison si la sensation de four-
millement éprouvé par le sujet n'est pas la vraie
cause de cette augmentation. La fatigue avec
laquelle RÉMOND ne compte pas assez dans toutes ses séries expérimentales n'entre-t-elle pas
aussi en jeu? Les chiffres, l'augmentation surtout des variations semblent assez l'indiquer.

Groupant ces résultats non plus au point de
vue des classifications cliniques, mais à un point
de vue physiologique et psycho-physiologique,
RÉMOND examine les points suivants :

1° Le temps de réaction tactile simple.

2° Vitesse de transmission nerveuse sensitive.

3° Vitesse de transmission nerveuse motrice.

4° Rapport entre la vitesse de transmission
nerveuse centripète et vitesse de transmission
centrifuge.

5° Influence de l'intensité de l'excitation sur
la valeur du temps de réaction.

6° Durée d'une opération psychique la plus
simple possible.

Nous ne voulons entrer dans la discussion,
trop purement physiologique, de certains dé-
tails. Ce qu'il importe aux psychologues de connaître, ce sont les chiffres. Les chiffres ayant
une valeur sont plus rares qu'on ne croit

en psychologie et ceux de RÉMOND, pris dans un but immédiatement physiologique sont cependant de première importance dans la psychologie pathologique de l'attention.

Les moyennes obtenues, l'excitation étant donnée à la face dorsale du premier métacarpien et la réaction se faisant à la main, sont :

Etudiants : 0″1540   0″1490   0″1539   0″1782

Moyenne : 0″1587

Soldats : 0″1470   0″1590   0″1510   0″1610

Moyenne : 0″1545

La moyenne légèrement plus faible est donc obtenue par les sujets qui par profession (soldats) sont accoutumés aux actes automatiques.

Sous l'influence de la chaleur cette moyenne s'élève à 0″2055.

Sous l'influence d'une cause distrayante à 0″2042.

Les *vieillards*, nous l'avons vus, ont été réparti en trois groupes.

1° Sujets atteints d'athérome :

0″0792 0″0811 0″0928 0″990 0″1050 0″1305.

Donc une moyenne de 0″0980 présentant une diminution de 0″0587 sur la moyenne normale.

2° Vieillards sans lésions ni athérome :

0″1760   0″1875   0″1989   0″1950

Moyenne : 0″1893, ce qui indique une augmentation de 0″0327 sur la normale.

3° Vieillards avec lésions de la moëlle.

0″1988 0″2748 0″2890 0″2928 0″3472

Moyenne : 0″2785, augmentation de 0″1219 sur la normale.

Les *hémiplégiques* fournissent les chiffres suivants :

Côté sain :

0″1484 0″1076 0″1788 0″1236 0″0630
0″468 0″0616 0″1560 0″1930 0″1355

La moyenne : 0″1074 présente donc une diminution de 0″0492 sur la normale.

Dans les cas d'hémiplégie avec sclérose descendante le côté malade donne :

0″1154   0″0621   0″0750   0″0393

Moyenne de : 0″0979 < moyenne du côté sain.

Au contraire dans l'hémiplégie flasque le côté malade donne :

0"4567   0"066   0"0726   0"2457   0"1800   0"1830
Moyenne : 0"2005 > la normale.

Dans les *myélites*, les chiffres sont :

0"1744   0"2275   0"2072   0"2690

La moyenne : 0"2195 est donc de 0"0629 plus élevée que la normale.

Sur les 10 *paralytiques généraux* examinés, 3 seulement ont pu donné des résultats. Leurs chiffres sont :

0"2350   0"8415   0"7080.

ce qui donne la moyenne très élevée de 0"6015.

« Il ne faut pas oublier, ajoute l'auteur, que ce chiffre n'est fourni que par un tiers des malades, les autres étant absolument incapables de donner un temps de réaction avec une impression aussi simple que celle que fournit l'excitateur à boule. » (p. 89).

Les chiffres fournis par les *épileptiques* se

trouvant réellement sous l'influence de la né-
vrose sont :

0"2450   0"3440   0"3745   0"4305   0"6660

En moyenne : 0"4140 ; donc une augmentation
de 0"2574 sur la normale.

Les *hallucinés* ont fourni les chiffres suivants :

0"3180 0"3560 0"5780 1"3896 0"2414 0"3977

En moyenne : 0"5467, 0"3901 de plus que la
normale.

Les *persécutés* :

0"3180   0"3300   0"3380   0"7001   1"7512

Soit en moyenne : 0"6874, 0"5308 de plus que la
normale.

Nous faisons du reste toutes les réserves possibles sur les moyennes fournies par ces deux
catégories de malades. Les délires sont ici trop
divers et les diagnostics sont souvent si erronés
que l'étude seule des cas individuels peut ren-
seigner le psychologue.

Les déments n'ont pu fournir, avec l'excitateur mousse, aucun résultat : « C'est d'ailleurs

là, remarque très heureusement l'auteur, un résultat qui confirme pour sa part l'idée qui nous a toujours guidée, à savoir l'importance de l'état psychique du sujet comme facteur de la valeur du temps de réaction simple ; ce temps devient indéfiniment grand, et cesse d'être appréciable quand l'intelligence du sujet a complètement sombré. » (p. 90).

Nous n'examinerons pas les données apportées par RÉMOND sur les questions de vitesse de transmission motrice ou sensitive. C'est là une question de physiologie qui nous entraînerait loin sans apporter des faits intéressants d'une façon assez directe nos recherches psychologiques. Bien que la physiologie nerveuse ait fait d'importants progrès depuis 1882, la question est toujours à l'ordre du jour et mériterait d'être traitée avec tous les développements qu'elle comporte. Du reste les conclusions de RÉMOND sur ce point reviennent à ceci : que le temps de transmission nerveuse est très minime en comparaison du temps total de réaction simple. « L'élément dominant, dit-il, est bien plutôt ce facteur polymorphe que nous avons désigné sous le nom général de processus psychique » (p. 119).

Cet élément dominant, RÉMOND a essayé de l'évaluer, nous l'avons vu en décrivant son dispositif expérimental, par l'étude du temps de choix.

Le sujet ayant subi l'excitation du marteau à boule et l'excitation de l'aiguille — et le temps de ses réactions à ces deux excitations ayant été noté — lorqu'on lui commande de ne plus réagir qu'à l'une des deux excitations on obtient comme on sait les temps de choix. RÉMOND fait alors la différence entre le temps de réaction simple et ce temps de discernement et il nomme cette différence : Temps D.

Voici le tableau des moyennes des temps de réaction simple et des temps D, chez les différents sujets examinés.

	Temps de R.	Temps D.
Soldats.	0″1515	0″0707
Etudiants.	0″1587	0″0633
Etudiants (bruit)	0″2042	0″0645
Vieillards (1re série). . .	0″0980	0″0986
— (2e série). . . .	0″1893	0″0622
— (3e série) . . .	0″2785	0″1591
Hémiplégie avec sclérose, côté sain.	0″0979	0″1248
Côté malade.	0″1074	0″0612
Hémiplégie flasque, côté sain	0″1074	0″1378

	Temps de R.	Temps D.
Côté malade.	0″2005	0″1058
Myélites.	0″2195	0″1665
Paralysie générale. . . .	0″6015	0″2078
Epileptiques	0″4140	0″0399
Hallucinés	0″5467	0″2051
Persécutés	0″6874	0″1644

Nous citerons textuellement les conclusions que le Dr RÉMOND tire de ces observations et de ces chiffres. Elles nous fournissent des données qui doivent avoir une valeur classique dans la psychologie expérimentale de l'attention.

« 1° Il est impossible, par la méthode dite « Méthode de SCHELSKE » d'arriver à déterminer la *valeur absolue* de la vitesse de transmission nerveuse centripète, mais on obtient une *valeur approchée* de cette vitesse qui oscille chez les individus sains entre 34ᵐ72 par seconde dans les nerfs de la jambe et 27ᵐ02 dans les nerfs du bras.

« *Cette vitesse est diminuée par :*

a) l'âge seul ;

b) l'âge, chez les sujets atteints de moëlle sénile ;

c) l'hémiplégie du côté sain ;

4

d) l'hémiplégie du côté malade en cas d'hémiplégie flasque ;

e) la paralysie générale ;

f) l'épilepsie ;

g) les hallucinations.

« *Elle est accélérée sous l'influence de :*

a') l'âge avec athérome généralisé ;

b') l'hémiplégie du côté malade en cas de contracture secondaire ;

c') le délire des persécutions.

« **2°** La vitesse de transmission nerveuse centrifuge à travers la moëlle et les cordons nerveux est diminuée :

a) chez les vieillards ;

b) chez les vieillards atteints d'athérome ;

c) chez les hémiplégiques atteints de sclérose descendante ;

d) chez les malades atteints de myélite ;

e) chez les paralytiques généraux ;

f) chez les persécutés et les hallucinés.

« *Elle est accélérée :*

a') dans les cas d'hémiplégie flasque ;

b') sous l'influence d'une perturbation mécanique (bruit).

« *Elle se rapproche de la normale :*

a″) chez les épileptiques.

« **3°** Le temps nécessaire à l'accomplissement d'un acte psychique minimum oscille normalement entre 0″0707 et 0″0633.

« *Ce temps devient plus long sous l'influence d'un bruit voisin au sujet en expérience :*

a) de l'âge accompagnée d'athérome généralisé ;

b) de l'âge accompagné de moëlle sénile ;

c) de l'hémiplégie du côté sain en cas d'hémiplégie flasque ;

d) de l'hémiplégie du côté malade ;

e) des myélites ;

f) de la paralysie générale ;

g) du délire des persécutions ;

h) des hallucinations ;

« *Il diminue :*

a′) chez les épileptiques.

« *Il reste sensiblement normal :*

a″) chez les vieillards sains ;

b″) dans l'hémiplégie avec contracture du côté sain ;

« 4° Le temps de réaction simple oscille à l'état normal entre 0″1515 et 0″1587.

« *Il s'allonge sous l'influence de* :

a) la chaleur ;

b) le bruit ;

c) la vieillesse ;

d) la vieillesse accompagnée d'un état sénile de la moëlle ;

e) de l'hémiplégie flasque du côté malade ;

f) des myélites ;

g) de la paralysie générale ;

h) de l'épilepsie ;

i) des hallucinations ;

j) du délire des persécutions ;

k) de la démence ;

l) de l'hystérie accompagnée d'accidents ;

m) de l'atrophie musculaire progressive ;

n) de la compression du nerf.

« *Il diminue avec* :

a') l'absorption de la phénacétine ;

b') l'absorption de l'antipyrine ;

c') la vieillesse avec athérome généralisé ;

d') l'hémiplégie du côté sain ;

e') l'hémiplégie du côté malade quand il y a sclérose descendante ;

f') l'hystérie, quand il n'y a pas de lésions, mais simple irritation générale.

5° « Le temps de réaction devient constamment plus court quand l'intensité de l'excitation augmente.

« *Cette loi, énoncée par* WUNDT *et* BUCCOLA, *ne se vérifie pas régulièrement dans les cas suivants :*

    a) vieillards ;
    b) vieillards avec athérome ;
    c) hémiplégiques ;
    d) myélites ;
    e) épileptiques.

Mais plus on se rapproche de la racine du membre plus elle tend à devenir générale.

« 6° L'élément psychique est le facteur dont la durée est la plus considérable, parmi ceux qui entrent dans la composition du temps de réaction simple, sauf chez les épileptiques où la prédominance appartient au temps employé par la conduction centripète ».

CHAPITRE IV

Les recherches du laboratoire de la Salpétrière

Les malades de la Salpétrière, les psychasthéniques de M. RAYMOND et de PIERRE JANET, n'ont pas peu contribué à l'étude des troubles de l'attention. PIERRE JANET [1] a appliqué trois méthodes à cette étude : travail mental ; — examen du champ visuel ; — temps de réaction. — Les recherches conduites selon ces méthodes ont révélé le fait de la réaction automatique, si important pour la compréhension des formes pathologiques de l'attention.

La première méthode est bien connue ; elle consiste à faire exécuter par le sujet un *travail mental* facile ; on lui demandera par exemple

---

1. PIERRE JANET. *Névroses et idées fixes.* — Paris, Alcan, 1898, 1 vol. 192 p., chapitre II, p. 69-109.

de résumer le court article d'une demi-page qu'il vient de lire à haute voix. Certains sujets seront absolument incapables d'accomplir cette petite opération intellectuelle; pour d'autres, le travail mental devra être un peu plus compliqué. Une hystérique de 19 ans vient, par exemple, à la consultation parce qu'elle s'est aperçue qu'elle est incapable de suivre un raisonnement scientifique, même simple, alors qu'elle suit sans effort une conversation courante; une autre est incapable de faire opération arithmétique, etc. L'aprosexie est plus accusée chez d'autres sujets. M..., par exemple, (contracture du tronc, vomissements hystériques incœrcibles) ne comprend pas toujours les paroles qu'on lui adresse; elle reste parfois absolument désorientée au milieu de la cour de l'asile, ne pouvant plus synthétiser ses perceptions.

Certes, cette méthode du travail mental, comme procédé d'évaluation des affaiblissements de l'attention, est bien éloigné de la précision des méthodes psychométriques. Mais il ne faut pas oublier qu'il s'agit ici de psychopathologie c'est-à-dire d'états intellectuels dont les hypertrophies ou les atrophies peuvent être sans aucun préjudice, plus largement évaluées. JANET prétend du reste qu'une gradation est possi-

ble, qui permet une assez grande précision. Le
sujet peut-il suivre une conversation courante?
Reconnaît-il un objet usuel? un objet peu usuel?
Peut-il résumer quelques lignes qu'on vient de
lire? Peut-il faire une opération arithmétique?
etc, etc. On peut en effet graduer plus qu'il ne
paraît à première vue ce mètre appliqué à la
mesure de l'aproséxie; si, toutefois, l'on vou-
lait représenter par des chiffres les résultats obtenus par cette méthodes, ce ne pourrait être
qu'artificiellement, à la façon des notes attribuées à des devoirs d'élèves.

La seconde méthode consiste en la mesure du
champ visuel. Chez les psychasthéniques et les
hystériques présentant des troubles de l'attention on trouve en effet des troubles équivalents
de la vision binoculaire. Ces sujets sont incapables de synthétiser les images mentales fournies
par les deux yeux; et souvent, sans présenter
aucune trace de strabisme, ils ne peuvent percevoir, dans un stéréoscope ordinaire, l'illusion
du relief. Le rétrécissement du champs visuel,
— comme d'ailleurs toutes les anesthésies hystériques — est considéré par M. JANET comme
un signe de la faiblesse de l'attention. Le cer-
veau du malade ne perçoit plus, avec conscience,
que les sensations les plus fortes, celles qui ce

trouvent au contre, ce qui explique que le rétrécissement est d'ordinaire concentrique. La fatigue cérébrale peut de reste porter soit sur les
centres visuels, soit sur les centres d'association.

PIERRE JANET a imaginé un dispositif expérimental qui précise et surtout rend comparables
les résultats obtenus par cette méthode. Au
centre du périmètre sont disposés quelques chiffres avec lesquels le sujet doit affectuer une petite opération, ou quelques lignes qu'il doit lire;
en même temps, l'expérimentateur promène
sur le périmètre un petit papier blanc qui indique la limite du champ visuel pendant l'effort
intellectuel. L'attention chez un sujet normal
produit un rétrécissement de 5 à 10 degrés; le
rétrécissement, dans les cas pathologiques, est
beaucoup plus considérable. Un sujet hystérique
de la Salpétrière, VEL., âgé de 30 ans, (tics de la
face déterminés par des idées fixes subconscien-
tes) a un champ visuel à peu près normal quand
on ne lui demande pas un grand effort d'attention (85° du côté externe, 60° du côté interne,
etc). Si l'on fixe son attention par le procédé
indiqué, on trouve pour l'œil droit 20° dans le
sens horizontal et 10° dans le sens vertical, pour
l'œil gauche 10° dans tous les sens ; VEL., ne voit

donc que les mots sur lesquels porte son attention. Ce rétrécissement du champ de la vision
est parallèle, chez le sujet, aux oscillations de
la maladie ; lorsque l'état s'améliore, le rétrécissement diminue. Le rétrécissement du champ
de la vision consciente est donc bien en rapport
avec l'affaiblissement de l'attention, avec l'en-
gourdissement cérébral et l'épuisement nerveux qui le déterminent.

Sancte de Sanctis [1] a repris cette expérience,
et est arrivé à un résultat équivalent.

Pierre Janet aproposé d'ailleurs une mesure
de l'attention par le champ visuel, plus délicate
et capable d'une plus grande précision. Le
champ visuel est généralement défini « l'étendue, c'est-à-dire l'ensemble des sensations visuelles, que le sujet peut percevoir d'un seul
coup d'œil, l'œil étant immobile. » Cette défini-
tion n'implique évidemment pas la simultanéité
des sensations visuelles. Le champ visuel d'un
sujet normal s'étend à 60° du côté interne et 90°
du côté externe ; mais cette mesure ne prouve
pas que deux objets, l'un à 80° du côté externe,
l'autre à 60° du côté interne, soient vus simultanément ; elle prouve simplement que, l'œil

---

1. Sancte de Sanctis. Op. cit

étant immobile et l'attention étant attirée d'un côté, puis de l'autre, le sujet peut voir successivement ces deux objets. Il semble donc a M. JANET qu'une mesure plus délicate de l'attention pourrait être obtenue en ne tenant compte, dans le champ visuel « que de l'étendue, de l'ensemble des sensations visuelles perçues réellement d'une manière simultanée ». Cette nouvelle mesure porterait le nom de *champ visuel simultané*. Plus restreint, il serait aussi considérablement plus variable selon le degré d'attention des sujets.

La méthode classique pour l'étude de l'attention est la méthode des *temps de réaction*. Son mérite est sa précision. PIERRE JANET a voulu en examiner la valeur réelle dans l'étude des troubles de l'attention — car nous devons jamais oublier que c'est non sur des sujets normaux, mais sur des sujets hystériques et névropathes qu'on expérimente à la Salpétrière. Et cette remarque n'a peut-être pas assez arrêté les psychologues qui se fondent sur les conclusions de JANET pour infirmer, d'une façon général, les méthodes de réaction — JANET se servait pour ses expériences soit de l'appareil enregistreur de MAREY et du diapason à 100 vibrations par seconde, soit du chronomètre de d'ARSONVAL. Les erreurs portant sur les millièmes de secondes, qui peuvent être imputées à ces dispositifs sont négligeables : beaucoup plus importantes sont, d'après la remarque très juste de JANET, les erreurs venant de l'état mental des sujets. Au point de vue méthodologique, le procédé qui consiste à prendre, après une série d'expériences, le *temps moyen* et la *variation moyenne* présente certains inconvénients ; le temps moyen en effet varie selon la durée des expériences et n'indique pas suffisamment les variations de l'attention au cours des expériences. La méthode employée à la Salpétrière fut la méthode des courbes.

Dans une première série d'expériences, le graphique est dressé après les expériences sur une feuille de papier quadrillé. Nous regretterons seulement que dans ces expériences le nombre des excitations auxquelles les sujets doivent réagir n'ait pas été constant pour un temps donné. JANET se soucie avant tout de faire fournir par son sujet le plus de réactions possibles à la minute ; dans les cas les plus heureux, le nombre de ces réactions est de 20 à 25 — Mais ce procédé expérimental, outre qu'il ne permet pas des expériences prolongées, ne tend-il pas justement à favoriser l'apparition des réactions automatiques? Ce point eût été au moins intéressant à contrôler. Sur un homme d'intelligence et d'attention normales sans éducation préalable, JANET prend selon cette méthode, les temps de réaction à des excitations tactiles. L'expérience dura 15 minutes; jusqu'à la huitième minute les temps de réaction oscillent de 7 à 15 centièmes de seconde; à partir de la huitième minute ils oscillent de 10 à 30 avec une plus grande irrégularité.

Dans d'autres cas, PIERRE JANET emploie pour son graphique le cylindre de MAREY, qui avait d'ailleurs déjà été employé par PATRIZZI. Voici comment il décrit lui-même le dépositif : « Le cylindre de MAREY tourne avec une vitesse moyenne..., il entraîne avec lui le chariot de MAREY portant le signal électrique de DESPRETS, de manière que le signal avance à chaque tour et décrive une ligne spirale... A chaque tour une tige de cuivre fixée sur le cylindre en touchant un contact ouvre un courant électrique, celui-ci fait d'une part sonner un timbre, ou remuer un signal, on détermine un léger choc sur la main du sujet, et d'autre part il fait mouvoir le signal de DESPRETS et s'inscrit sur le cylindre... Le sujet en appuyant sur un interrupteur, rompt le courant, ce qui s'inscrit également grâce au signal de DESPRETS, un peu

plus loin sur la même ligne verticale... Les mêmes phénomènes se répètent exactement à chaque tour du cylindre et par conséquent sur
chacune des lignes verticales : le moment du
signal s'inscrit toujours en un point E de chacune de ces lignes verticales, les réactions s'ins-
crivent en R, de plus ou moins loin sur la même
ligne. Quand l'expérience est terminée, on réunit par un trait tracé à la main tous les points E
inscrits sur chacune des lignes verticales, c'est
ce qui constitue sur les graphiques la ligne E E',
ou ligne des excitations. Puis on réunit également par un trait tracé à la main tous les points R
qui indiquent les réactions et qui sont situés à
des distances variables de la ligne E E'. La réu-
nion de ces points constitue une ligne brisée R R'
qui représente la courbe des temps de réaction.
L'inscription du diapason à 100 vibrations par
seconde se fait en D et permet de mesurer le
temps de réaction E R. D'ailleurs des lignes pa-
rallèles à E E' tracées toutes les dix vibrations
du diapason permettent de lire plus facilement
le temps en dix centièmes de seconde. « (p. 82
et 83).

L'inconvénient de cette méthode est, selon
JANET, la régularité des signaux : huit par minute dans le dispositif employé à la Salpêtrière.

Il évitait cet inconvénient par divers procédé : par exemple en plaçant dans le circuit un nouvel interrupteur.

C'est par ce procédé expérimental qu'ont été réalisées les expériences de PIERRE JANET sur les sujets normaux et surtout sur les névropathes. Les résultats obtenus l'ont conduit à la constatation des réactions automatiques : avant d'exposer la théorie, nous parlerons des résultats eux-mêmes. Ils peuvent se diviser en deux groupes : les uns s'accordant avec les prévisions de l'expérimentateur et avec les résultats obtenus par ses deux autres méthodes (travail mental et champ visuel); les autres formant le groupe des *courbes paradoxales.*

Voyons les résultats du premier groupe. Les courbes obtenues sur des sujets normaux non éduqués présentent l'aspect habituel : au début des temps de réactions plus longs par manque d'accoutumance, puis les minima sont atteints par suite de l'exercice, et enfin, la fatigue apparaissant, la courbe se relève. Par contre voici quelques exemples de courbes fournies par des anormaux.

Une jeune fille de 19 ans, Sa., est atteinte depuis trois mois d'un hoquet hystérique très violent. Toute son attention semble concentrée

sur ce hoquet qui ne la quitte que pendant le
sommeil. La courbe de ses réactions est tout à
fait caractéristique. Le temps de réaction est
très élevé (70 à 90 centièmes de seconde) et
on peut même noter des interruptions, durant
parfois presque une minute, pendant lesquelles
le sujet a oublié de réagir.

Une autre hystérique, Cor., a fourni de même,
une demi-heure après une crise, des temps de
réaction encore plus caractéristiques par l'exa-
gération de leur durée et leurs oscillations.

Rachel, une malade que JANET a beaucoup
étudié, présente, rattachés à une surdité verbale
absolue, des troubles très intéressants de l'attention. Sur les courbes de réaction à des excitations auditives qu'elle a fournies, la fatigue
extrêmement rapide de sa force d'attention paraît, plus nette encore que son instabilité. La
même fatigue, très caractéristique encore, se lit
sur la courbe fournit par la malade Bl., mélancolique sans délire.

Les délires consécutifs aux émotions, les délires cœnesthésiques, les infinies manifestations
de l'hystérie et des diverses névroses sont souvent marqués par un état d'aproséxie plus ou
moins prononcé. En voici quelques cas assez
heureux.

Celui, par exemple, de la malade Pv. [1], 36 ans, obsédée et aboulique à la suite d'un chagrin d'amour. Réglée à 16 ans, sans troubles, elle avait été jusqu'à 35 ans une simple nerveuse, avec crises de larmes ou de rire qui ne permettent vraiment pas de conclure à l'hystérie. Bonne ouvrière, sa vie avait été assez régulière. Elle s'était seulement laissée aller à prendre un amant avec lequel elle vivait et dont elle avait eu un enfant âgé de 3 ans au moment où on la conduisit à JANET. Un beau jour son amant la quitta, lui laissant une lettre, pas assez nette pour lui enlever tout espoir, assez cependant pour lui faire comprendre que la vie commune était bien finie. La malade a une grande déception ; elle est obsédée par l'image de son amant, imagine mille folies pour le retrouver, ne dort plus, ne parle que de lui ; puis elle arrive rapidement à un état d'aboulie caractéristique. « La malade, demeure des heures debout et sans bouger, sans pouvoir dire à quoi elle pense, ou bien elle a une agitation incessante et in-

1. Prof. F. RAYMOND et Dr PIERRE JANET. Névroses et idées fixes, II. — Fragments des leçons cliniques du mardi sur les névroses, les maladies produites par les émotions, les idées obsédantes et leur traitement. Paris, Alcan, 1898, 1 vol. 559 + x p., avec figures. — Observation 14, p. 49-53.

cohérente, qui est une forme d'aboulie bien
spéciale. Ces gens-là en effet s'agitent, remuent,
touchent à trente-six choses, commencent différents travaux, bavardent sans cesse d'une
voix aiguë et en définitive ne font rien du tout.
Celle-ci va chez ses sœurs, chez ses voisines et
elle les exaspère. » Il était intéressant d'examiner l'état de l'attention chez cette malade ;
aussi M. JANET a-t-il pris ses temps de réaction.
Il se servit du chronomètre de d'ARSONVAL et
obtint en dix minutes deux cents temps de
réaction à des excitations visuelles. Ces temps
de réaction montre l'épuisement de l'attention ;
ils sont de 30 centièmes de seconde en moyenne,
certains dépassent 40, et leur irrégularité montre nettement la distraction du sujet. Pour contrôler ces résultats, M. JANET a essayé de fixer
son attention en lui faisant lire un article de
journal : elle ne le comprend pas et ne s'en sou-
vient plus. Du reste elle présente de l'amnésie
continue : les événements sont oubliés à mesure qu'ils se succèdent. L'aproséxie empêche
l'acquisition de souvenirs nouveaux.

Dans un cas de perte de la personnalité cité
par les mêmes auteurs [1], nous relevons un état

---

1. RAYMOND et JANET, *loc. cit.*, observation 18, p. 61-68.

d'aproséxie qui, sans être très avancé, nous
semble cependant jouer un rôle important dans
le processus de ce trouble. Le cas est très intéressant. Une émotive. Béi., âgé de 18 ans, perd
absolument le sentiment de sa personnalité à
la suite d'une histoire d'amour assez banale.
« Où suis-je, que suis-je devenue, répète-t-elle
constamment? ce n'est pas moi qui parle, ce
n'est pas moi qui mange, ce n'est pas moi qui
travaille. Je ne me vois pas faire ceci ou cela,
il y a quelque chose qui manque ». Cette néga-
tion n'est pas rare en psychopathologie; mais
ce qui fait l'intérêt de ce cas, c'est que la malade ne présente en réalité ni anesthésie, ni amnésie, ni troubles visuels ou auditifs. Elle mange
et dort normalement; les secrétions sont régu-
lières; seules les courbes des temps de réaction
montrent une légère élévation au-dessus de la
normale. Cette élévation du reste est peu signi-
ficative. Ce qui nous semble beaucoup plus si-
gnificatif chez cette malade, c'est qu'elle ne
perd la perception de sa personnalité que lorsqu'elle cherche à fixer son attention. Si, en li-
sant, elle oublie de s'analyser, elle comprendra
parfaitement ce qu'elle lit et s'en souviendra,
alors même qu'elle affirme n'avoir rien compris et ne se souvenir de rien. Le même résul-

tat est du reste obtenu par l'attention excessive. « Quand elle est bien reposée, dit JANET,
après un sommeil en particulier, on peut l'exciter
à bien faire attention à une sensation et elle finit
par convenir que c'est bien elle qui l'éprouve.
Le trouble disparaît donc soit dans la distraction, quand il n'y a aucun effort pour former la
perception personnelle, soit par l'attention excessive qui arrive momentanément à la réta-
blir » (p. 66).

Ce qui est capital, c'est donc, à notre avis, le
trouble de l'attention, la paraproséxie plutôt que
l'aproséxie, c'est l'étude de ce trouble, consécu-
tif à des troubles émotifs et à une hérédité char-
gée (père alcoolique, mère faisant de la confusion
mentale et du délire anxieux) qui doit éclairer
un peu le mécanisme psychologique de ce cas.

Dans une surdité verbale, d'abord examiné
par CHARCOT, puis reprise et décrite par RAYMOND
et JANET [1], nous trouvons aussi des troubles de
l'attention sur lesquels il est intéressant de nous
arrêter. Quel que soit l'ordre des sensations
sur lequel on essaie de fixer l'attention de Rachel (19 ans) le temps de réaction est considérablement allongé et irrégulier.

---

1. RAYMOND et JANET, *loc. cit.*, observation 134, p. 456-466.

Les temps de réaction à des excitations tactiles présentent pendant 4 ou 5 minutes une
courbe avec des moyennes oscillant entre 20
et 30 centièmes de seconde; puis la courbe devient très irrégulière et les moyennes vont de
50 à 70 centième de seconde.

Les temps de réaction à des excitations visuelles sont plus réguliers, même si l'on pro-
longe les expériences pendant la durée relativement longue de 20 minutes. La courbe oscille
pourtant autour d'une moyenne de 30 centièmes de seconde. Elle est donc trop élevée même
dans cet ordre de sensations sur lequel RACHEL
concentre le plus facilement son attention, car
elle a l'habitude de beaucoup lire.

Le graphique le plus irrégulier et le plus
élevé est certainement le graphique présentant
la courbe des temps de réaction à des excitations auditives. L'irrégularité paraît dès les
premières réactions et les moyennes oscillent
entre 60 et 90 centièmes de secondes. « Remarquons encore une fois, dit JANET, qu'une courbe
semblable ne dépend pas de la surdité propre-
ment dite. On peut prendre la courbe chez des
individus normaux, en leur donnant comme
signal des sons extrêmement faibles, très difficiles à percevoir. On peut également faire l'ex-

périence avec des individus qui ont l'oreille dure et qui réellement entendent mal et on aura cependant une courbe plus de moitié plus basse. C'est ici un trouble cérébral dans la perception des sensations sonores que l'expérience psychologique met bien en évidence. Ce trouble s'accorde très bien avec la surdité verbale ellémême, qui n'est évidemment qu'un trouble de perception du même genre » (p. 463).

Nous ne pouvons que souscrire à cette conclusion.

D'une façon générale on peut donc poser que, chez les malades de la Salpétrière, les oscillations des temps de réaction sont considérablement plus importantes que chez les normaux et que la fatigue se fait sentir beaucoup plus rapid ment.

Mais ces résultats ne sont pas les seuls qui aient été obtenus. La vie mentale est extrêmement complexe et cette complexité cache bien des écueils auxquels se heurtent les principes de la méthodologie. Un grand nombre de graphiques en effet laissèrent M. JANET très perplexe : ce sont ceux qui présentent les fameuses *courbes paradoxales*.

Un malade, Pk., 28 ans, atteint de grande hystérie avec crises, somnambulisme naturel, délires, anesthésie tactile et musculaire presque complète sur presque tout le corps, rétrécissement du champ visuel, amnésie continue, obsessions, etc., fournit par exemple des graphiques absolument déconcertants. Alors que tout, dans son état mental, faisait prévoir un état d'aproséxie très prononcé, ses réactions au contraire présentent une courbe très peu élevée. La réaction oscille entre 10 et 20 centièmes de seconde, dépassant rarement 25; la moyenne ne dépasse jamais 20. L'expérience qui a duré 30 minutes n'a été cessée que par la fatigue de l'expérimentateur; pendant ces 30 minutes le sujet a fourni 680 réactions.

De tels résultats obtenus sur des malades dont l'attention semble pourtant à peu près nulle étaient bien faits pour étonner. JANET s'aperçut rapidement qu'ils n'étaient pas exceptionnels : poursuivant ses expériences il en trouva des exemples fréquents. Cam., une hystérique de 32 ans, déprimée, souffrant d'hallucinations visuelles et auditives d'un caractère effrayant, incapable d'aucun travail, ne comprenant pas les plus simples lectures, pouvant à peine répondre aux questions, présente une courbe presque aussi remarquable.

JANET a ainsi pu réunir sur des sujets qu'il

juge être des aproséxiques typiques une cinquantaine de ces courbes qu'il nomme très justement *paradoxales*. Qu'en devait-il conclure ? A une erreur de sa part sur l'état mental de malades qu'il connaissait en général très bien ? Une telle erreur est peu probable. Du reste elle n'expliquerait rien puisque chez certains sujets la courbe est tantôt paradoxale et tantôt s'accorde parfaitement avec les prévisions. Peut-être peut-on croire à une concentration de l'attention des malades sur un point déterminé ? JANET l'admet dans certains cas. Mais dans un nombre bien plus considérable de cas l'effort de fixation n'existe pas.

Toutes ces explications ne le satisfaisant pas, c'est dans l'état mental du sujet pendant les expériences que JANET a cherché sa conclusion.

L'attitude des sujets en expérience n'est en effet pas toujours la même et ce doit être là une indication. Certains donnent des signes d'effort et de fatigue ; ils cherchent évidemment à fournir le maximum d'attention ; or ce sont justement ceux dont les courbes très irrégulières accusent les temps de réaction les plus longs. Les autres au contraire restent calmes et indifférents, songeant, de leur propre aveu, à toute autre chose qu'à l'expérience ; et ce sont ceux qui présentent les courbes remarquables par la rapidité de la réaction, la régularité et la longueur.

Un cas tout à fait beau, que nous ne pouvons passer sous silence, fournit à JANET ses conclusions. C'est le cas de Vk., malade atteinte de délire religieux avec crises d'extase. Cette malade, hystérique selon JANET, ne présente aucune anesthésie. Elle pousse le délire mystique jusqu'aux stigmates inclusivement et présente des contractures systématisées en rapport avec son délire. D'ailleurs intelligente. On commence sur elle une série de temps de réaction à des excitations auditives (8 à 10 par minute). Elle donne d'abord tout son effort, puis, contre toutes prévision, est prise d'une crise d'extase (attitude de crucifixion, catalepsie, etc.). Le bras droit cependant ne se soulève pas autant qu'à l'ordinaire, car elle continue de l'index de la main droite à presser l'interrupteur. Les réactions ont pu ainsi être prises pendant deux heures et demie (interruptions de quelques minutes pour changer le cylindre). La malade s'est éveillée spontanément de sorte que cette bonne fortune clinique a fourni à JANET le précieux graphique des réactions avant, pendant et après l'extase. L'examen de ce graphique

montre de la façon la plus nette la régularité
et la brièveté étonnante des réactions pendant
la crise. « Eh bien, écrit JANET, est-il vraisem-
blable que Vk., pendant la crise d'extase, quand
elle lève au ciel une figure pleine de béatitude,
quand elle prend l'attitude de la crucifixion,
apporte à mes signaux une plus grande attention qu'au moment où elle est bien tranquille-
ment assise sur un fauteuil ne pensant qu'à les
écouter? »

La conclusion de M. JANET est que dans ce
cas et dans les cas semblables la réaction motrice est purement automatique et que sa per-
fection ne se peut expliquer que par l'automatisme. De plus, chez certains sujets, la sensation
de fatigue n'existant pas, les expériences se
peuvent continuer pendant très longtemps. Par
exemple des réactions à des excitations tactiles, chez un sujet anesthésique ou hypoesthési-
que. Il faut même aller plus loin et admettre
que chez ces malades non seulement la sensation de fatigue n'existe pas, mais que la fatigue
elle-même ne se produit pas chez eux, ou tout
au moins ne se produit pas de façon à pouvoir
être comparée à la fatigue des normaux.

Les conclusions de PIERRE JANET se formulent
donc comme suit : « En résumé, dit-il, l'étude

des temps de réaction disposée de la manière
que j'ai indiquée nous donne des graphiques
intéressants qui fournissent certains renseignements précieux sur l'état d'esprit des sujets,
qu'ils soient malades ou considérés comme normaux. Mais ces graphiques ne nous donnent
pas immédiatement et mécaniquement une mesure de la puissance de l'attention. Ils ont be-
soin d'être interprétés et discutés en tenant
compte de tous les autres renseignements que
nous fournissent d'autres expériences. Il faut
se défier d'un danger que nous signalons et
dont différents auteurs qui ont étudié les temps
de réaction ne me semblent pas s'être préoccu-
pés suffisamment. C'est que les petits mouvements simples en rapport avec une excitation
peuvent être facilement devenu des mouvements automatiques, tout à fait subconscients » [1].
(p. 107).

---

1. PIERRE JANET. Op. cit., p. 107.

CHAPITRE V

Les travaux récents

Parmi les travaux expérimentaux parus dans ces dernières années sur la pathologie de l'attention, nous ne retiendrons que ceux qui apportent quelque chose de nouveau soit par le dispositif expérimental, soit par leurs résultats. Nous aurons ainsi à aborder le côté pathologique de cette grosse question : les oscillations de l'attention, à rappeler les expériences esthésiométriques de CONSONI, les *mental tests* graphologiques de ROGUES DE FURSAC et quelques-uns des derniers temps de réaction pris sur des névropathes ou des aliénés.

Les oscillations de l'attention. — WIERSMA[1] a abordé l'importante question des oscillations de l'attention sur des sujets anormaux : neurasthéniques, hystériques, aliénés. Le sujet écoutait, dans des conditions analogues pour chaque expérience, le tic-tac d'une montre placée à une distance telle qu'il devait concentrer son attention sur cette excitation auditive pour la percevoir. Le commencement et la fin des périodes pendant lesquelles le tic-tac était perçu pouvait-être enregistré sur un cylindre placé dans une pièce voisine, au moyen d'un contact électrique. Toutes ces expériences, réalisées dans des conditions expérimentales semblables sont comparables. WIERSMA examinant soigneusement le sujet immédiatement avant les expériences, précisait son état général par une des quatre épithètes : excité, normal, déprimé, très déprimé. Ses expériences ont porté sur sept sujets : trois hystériques, deux neurasthéniques, un mélancolique et une circulaire. Voici les principaux résultats auxquels il est arrivé.

Sujet 1, hystérique femme, 44 ans. L'état

1. WIERSMA (E.). Untersuchungen über die sogenannten Aufmerksamkeitsschwankungen, *Zeitschr. für Psychol. und Physiol. d. Sinnesorgan.*, XXXI, 110-127, 1903.

mental du sujet, son émotivité sont très insta-
bles. Parfois excitée, le plus souvent très déprimée, avec idées de suicide. Sommeil normal
cependant. Les expériences avaient lieu chaque
jour à midi, la malade ne s'étant livrée dans la
matinée à aucun travail; elles se divisaient en
deux épreuves de cinq minutes; séparées par
un repos de huit minutes.

La montre se trouvait à 160 centimètres de
l'oreille.

Voici les moyennes obtenues, en secondes.

Durées totales des périodes de perception (en
secondes).

I. Dépression	134
II. Dépression	90
III. Dépression	195
IV. Excitation	266
V. Dépression profonde	35
VI. Dépression	150
VII. Dépression	138
VIII. Dépression	195
IX. Excitation	270
X. Excitation	242
XI. Dépression profonde	40
XII. Dépression	120
XIII. Dépression profonde	50

L'examen de ces chiffres montre un abaisse-
ment notable de la durée de perception, donc
de la force de l'attention, pendant les périodes
de dépression ; au contraire une élévation de
cette durée sous l'influence des excitations. Il
existe donc un rapport entre la durée de l'attention et l'état affectif du malade. Ce résultat
est confirmé par les chiffres fournis par le sujet 2, hystérique femme, 20 ans, sans excitation, mais présentant une grande instabilité
dans le degré de sa dépression habituelle.

Le sujet 3 est encore une hystérique femme
de 19 ans.

Wiersma nous apprend qu'elle avait présenté
une instabilité affective remarquable ; mais au
moment où il fit sur elle ses expériences elle
peut-être considérée comme à peu près normale
à ce point de vue. Voici les moyennes obtenues, la montre étant placée à deux mètres de
l'oreille et les expériences se faisant à deux
heures après-midi, après une demi-journée de
repos au lit.

Durées totales des périodes de perception (en
secondes).

I. Etat affectif normal				107
II.	—	—	—	114
III.	—	—	—	104
IV.	—	—	—	139
V.	—	—	—	150
VI.	—	—	—	155
VII.	—	—	—	166
VIII.	—	—	—	173

WIERSMA pense que la prolongation de la durée de perception dans les dernières épreuves est due à l'entraînement du sujet, et qu'à la stabilité de son état affectif, correspond la stabilité relative des durées de perception.

Le sujet IV est un mélancolique, 20 ans, dont les accès durent environ une quinzaine de jours. WIERSMA a pu l'observer pendant 3 de ces accès, le prendre à la dépression et le suivre jusqu'à la rémission.

Les expériences étaient faites à midi ; le sujet restait inoccupé pendant la matinée. Son sommeil était généralement bon. La montre était placée à 250 centimètres de l'oreille.

Durées totales des périodes de perception (en secondes).

28 mai. Dépression. 166
29 — Dépression. 188

30 —	Dépression.	229
31 —	Etat normal.	257
13 Juin.	Etat normal.	287
9 Juillet.	Dépression.	0
12 —	Dépression.	0
16 —	Dépression.	50
22 —	Dépression.	0
26 —	Etat normal	251
29 —	Etat normal	300
3 Août.	Etat normal.	300
10 —	Etat normal.	300
14 —	Etat normal.	300
23 —	Dépression	0
24 —	Dépression	136
27 Août.	Dépression	0
29 —	Dépression	201
31 —	Dépression	245
5 Septembre.	Etat normal.	279
10 —	Etat normal.	278

Le résultat est donc bien marqué : les périodes de dépression sont aussi celles de moindre durée des perceptions, de moindre fixation de l'attention. Les expériences faites sur le sujet 5, une folle circulaire, offrant des crises d'exaltation suivies sans transition de crises de dépression, ont pleinement confirmé ce résultat.

6

Les deux derniers sujets, moins intéressants, sont deux neurasthéniques, homme et femme, 25 et 24 ans. Le premier présente de l'incontinence des idées (*Ideenflucht*) avec ou sans lourdeur de tête et sentiment de lassitude. C'est lorsque ce sentiment de lassitude est le plus accentué que l'attention est très pénible et la durée des périodes de perception très faible (85 secondes par exemple). Le second sujet est une obsédée : plus l'obsession est maîtresse du champ mental, plus la durée des périodes de perception est faible.

La conclusion qui ressort de ces expériences est donc : qu'il existe un rapport entre l'état mental affectif des sujets, la durée des périodes de perception, et par conséquent la puissance de fixation de l'attention. La forme déprimante de l'émotivité aurait une influence inhibitrice sur les mécanismes de l'attention et de la perception.

Les expériences esthésiométriques. CONSONI [1] a entrepris une intéressante série de recherches esthésiométriques sur l'attention et surtout la

---

1. F. CONSONI. Mesure de l'Attention des faibles d'esprit. *Archives de Psychologie*, Genève, 1903, Tome II, fasc. 3.

pathologie de l'attention. Les expériences portèrent parallèlement sur 15 enfants, dont 11
phrénasthéniques (8 garçons et 3 filles) appartenant à l'Asile-École de DE SANCTIS, et 4 normaux de même âge et de même condition so-
ciale, d'une école communale de Rome.

La méthode esthésiométrique adoptée par
l'auteur, — et qui doit en effet, quoi qu'on en ait
pu dire, apporter de sérieuses contributions à
l'étude de l'attention, — consiste à apprécier les
divers aspects de l'attention à l'aide des variations numériques du sens du lieu, obtenues
avec l'esthésiomètre. Les résultats de l'esthésio-
métrie en effet nous renseigne, plus encore que
sur le facteur périphérique de la sensation, sur
l'état de l'attention dont ils nous fournissent
dans certains cas une très légitime mesure.

CONSONI distingue dans ses recherches deux
formes de l'attention : l'attention *statique* et
l'attention *dynamique*. « Cette distinction,
écrit-il, que je crois devoir admettre, de deux
formes d'attention, à sa raison dans ce fait que
le mécanisme attentionnel une fois constitué
peut, sous l'action de causes que nous verrons
plus loin (les états affectifs) maintenir sa stabilité pour un temps plus ou moins long ; tout
comme il peut, toujours sous l'action des mê-

mes causes, présenter dans un espace de temps très court une succession de répétition d'une extrême rapidité » (p. 212).

L'attention statique représente donc la persistance durable du mécanisme attentionnel, déterminé alors par un groupe d'excitants formant un complexus unique et agissant sur une seule zone centrale de projection. Cette forme statique s'accompagne des caractéristiques physiques, si souvent décrites, de l'attention.

L'attention dynamique consiste en une série d'actes d'attention assez rapprochées, mais distincts et dus à des excitants de nature variée agissant pendant un temps très court, le plus souvent sur des zones de projection différentes.

Ces distinctions posées, retenons les conclusions auxquelles la méthode esthésiométrique a conduit CONSONI. Ces conclusions nous semblent importantes en l'état de la question et nous les reproduisons textuellement.

« 1° La méthode esthésiométrique peut donner d'excellents résultats quand elle est appliquée à l'étude de l'attention discriminative tactile, tant statique que dynamique.

« 2° Chez les enfants phrénasthéniques, dans les cas pas trop graves, un certain degré d'attention statique conative est toujours possible.

« 3º Chez eux, l'attention statique conative est toujours plus ou moins défectueuse dans quelques-unes de ses qualités ou dans toutes, et cela à des degrés divers suivant les individus.

« 4º Ces altérations se produisent cependant toujours plus facilement, et sont plus graves, chez les phrénasthéniques d'un degré plus marqué.

« 5º Chez les phrénasthéniques il peut exister aussi un certain degré d'attention dynamique conative.

« 6º L'attention dynamique peut atteindre chez eux, quoique en de moindres proportions que chez les normaux un degré suffisant de rapidité, mais elle manque constamment d'étendue.

« 7º Il y a des rapports précis entre la capacité des divers individus pour l'attention dynamique et certaines qualités de leur attention statique.

« 8º Il existe une correspondance incontestable, même chez les phrénasthéniques (du moins dans les cas que j'ai examinés), entre la façon dont se comporte l'attention naturelle et l'attention conative.

« 9º Le degré d'incapacité générale d'atten-

tion serait chez eux en raison directe aussi de
leur degré d'émotivité et de leur pouvoir d'ini-
hibition.

« 10° On peut aussi établir une relation directe entre ce degré de capacité et le degré de
phrénasthénie ; de même, l'examen des facultés
attentionnelles peut fournir un élément précieux, qui suffit presque à lui seul pour le dia-
gnostic du degré de la faiblesse mental. Ce qui
revient à dire que les phrénasthéniques peuvent bien se classer suivant leur degré d'attention, comme le pense SOLLIER.

« 11° Il y a entre les enfants normaux et les
phrénasthéniques graves de notables différences
de degré dans leurs facultés attentionnelles,
mais ces différences s'évanouissent peu à peu à
mesure qu'il s'agit de phrénasthénie de plus en
plus légère.

« 12° Les enfants normaux, à conditions éga-
les (âges, habitudes, etc). possèdent indiscuta-
blement une plus grande promptitude d'adaptation conative.

« 13° Chez les enfants normaux, la capacité
d'attention dynamique conative est plus déve-
loppées, et souvent aussi elle se montre *étendue*,
ce qui est un indice de puissance supérieure
dans les processus cérébraux. »

L'attention et les troubles de l'écriture. Les troubles de l'écriture copiée dans les démences, de l'écriture spontanée dans les diverses névroses ou psychoses sont des *tests* susceptibles de précision pour l'évaluation du déficit de l'attention. Chacun a eu l'occasion de remarquer les omissions ou les répétitions de mots dans les lettres des personnes nerveuses ou fatiguées. Ces répétitions, ces omissions qui peuvent aller jusqu'à l'impossibilité absolue de la copie (même en dehors des cas d'agraphie) ont été classées et interprétées par ROGUES DE FURSAC [1] dont la contribution à l'étude qui nous occupe se trouve ainsi revêtir une importance pour ainsi dire méthodologique.

La paralysie psychique, dit ROGUES de FURSAC a pour conséquence deux ordres de phénomènes : l'affaiblissement ou le déficit de l'attention et l'exaltation de l'automatisme mental, qui le plus souvent s'observent associés.

Les troubles de l'attention se présentent surtout dans la copie sous forme d'omissions ou même d'impossibilité de la copie.

1. ROGUES DE FURSAC. Les écrits et les dessins dans les maladies nerveuses et mentales. Essai clinique. Paris, Masson, 1905, 1 vol. 307 p. avec 232 figures dans le texte.

Les omisions peuvent indiquer les oscillations de l'attention. Elles portent indistinctement sur toutes les parties d'un écrit : signes de ponctuation, fragments de lettre, lettres, groupes de lettres, mots, groupes de mots, phrases entières.

L'impossibilité de la copie est l'expression parfaite de l'aproséxie.

Elle se manifeste par l'impuissance absolue et d'emblée à concentrer l'attention ou l'impuissance survenant quelques minutes après le premier effort intellectuel. Dans ce dernier cas, le sujet ne poursuit pas son travail quand le jugement étant conservé, il est conscient de difficultés insurmontables.

Par contre, il continue à écrire automatiquement, quand l'absence de jugement le rend inconscient des erreurs qu'il commet. Ce phénomène, appelé par Fursac le désordre de la copie est fréquent dans les états d'excitation. Il arrive aussi que le malade écrive des mots n'ayant plus aucun rapport avec le texte qu'il lit, c'est ce que Fursac appelle la dissociation de la lecture et de l'écriture.

Les omissions sont moins frappantes dans la dictée. On peut ici relever soit les fautes syntaxiques, soit les homonymies. Le malade qui n'a plus la notion du sens dans la phrase, du rôle de chaque mot, les perçoit et les écrit individuellement sans tenir compte de ce qui précède.

Au point de vue graphique, ROGUES DE FURSAC a distingué comme suit les principales formes sous lesquelles se manifeste l'automatisme psychique. Ce sont d'après l'auteur :

Les substitutions.
Les transpositions.
Les additions.
L'incohérence graphique.
L'échographie.
La stéréotypie.
L'impulsion graphique.

La substitution consiste à remplacer au cours d'un écrit, une image graphique par une autre, celle-ci présentant naturellement avec la première une plus ou moins grande analogie. ROGUES DE FURSAC, d'une façon trop schématique et qui à notre sens n'exprime par le mécanisme psychologique de ces phénomènes distingue des substitutions, par identité auditivo-motrice,

par analogie auditivo-motrice,
par analogie graphique,
par analogie de sens,
par répétition,
par transposition.

La substitution par identité auditivo-motrice consisterait dans le remplacement d'une lettre ou d'un mot par une lettre ou un mot « différent, mais équivalent au point de vue phonétique et nécessitant pour le prononcer des mouvements d'articulation identiques » (« pair » pour « père »). Ces substitutions n'exprimeraient le développement de l'automatisme mental, et l'affaiblissement de l'attention que si le malade, dont l'attention a été éveillée et spécialement fixée sur le mot écrit, est en mesure de le corriger ; faute de quoi nous serions en présence d'une simple amnésie.

Les substitutions par analogie auditivo-motrice sont celles qui se produisent « entre lettres appartenant à un même groupe physiologique ou à des groupes voisins ». ROGUES DE FURSAC remarque qu'elles sont plus fréquentes entre les consonnes qu'entre les voyelles dont les sons diffèrent trop les uns des autres, en français au moins.

Les substitutions de mots par analogie auditivo-motrice se produisent par assonance (analogie de terminaison, « prémunir » pour « démunir ») ou résultent souvent d'une substitution de lettre par analogie auditivo-motrice (« vendre » pour « fendre »).

Les substitutions de ce groupe résultent d'après l'auteur d'une analogie dans le son représenté par les images graphiques, unie à une analogie dans les mouvements nécessaires pour produire le son (analogie d'articulation). Elles sont identiques aux substitutions bien connues dans le langage courant sous le nom de *lapsus linguae* ; dans l'écriture, nous avons l'expression de l'erreur effectuée dans les centres auditifs et moteurs, c'est le *lapsus calami*.

La substitution de lettres par analogie auditivo-motrice n'indique un affaiblissement notable de l'attention que si elle se répète au cours d'un même écrit. Elle se produit souvent à l'état normal ; c'est pourquoi il faut tenir largement compte de toutes les causes de distraction chaque fois qu'on veut apprécier un écrit. Les fautes qui révèlent l'emploi du procédé de l'épellation ne peuven tindiquer un trouble psychique à retenir ; les procédés employés pour écrire, le procédé synthétique (qui consiste à représenter le mot sous forme d'image) et le procédé analytique (décomposant le mot en lettres) sont en effet tous les deux d'usage à l'état normal.

Les substitutions par analogie graphique impliquent au contraire un affaiblissement important de l'attention ; elles sont assez rares et no

portent que sur les lettres dont les formes sont
à peu près semblables. Les images graphiques
jouent ici un rôle direct, le *lapsus calami* résultant d'une confusion entre les images visuelles, et n'étant plus comme nous l'avons
vu précédemment l'expression d'un *lapsus lin-*
guae.

Les substitutions par analogie de sens portent sur les mots dont le sens est rapproché.
Le mot d'un usage plus courant devient en effet facilement un mot qui remplace l'autre (« Il
se lava les mains » pour « il se nettoya les
mains »).

La substitution par analogie de sens résulte
aussi d'une association préétablie qui, grâce à
l'exaltation de l'automatisme psychique, pré-
vaut sur l'association présente.

La substitution par anticipation se produit
entre les mots aussi bien qu'entre les lettres
et consiste à remplacer une lettre ou un mot
par une autre lettre ou un autre mot qui se
trouve plus loin dans l'écrit (inamolibilité.) Le
phénomène inverse a lieu dans les substitutions par répétitions (transforfation pour trans-
formation.)

Les transpositions (substitutions réciproques),
consistent à remplacer une lettre ou un mot

par une autre lettre ou un autre mot plus éloigné et réciproquement (inamobilivité). Elles
s'effectuent de préférence entre lettres appartenant au même groupe physiologique.

Elles deviennent des inversions quand elles
se font entre deux lettres ou deux mots consécutifs, ce qui a lieu surtout pour les consonn-
nes dont la première est une liquide. Ce fait,
nous dit l'auteur, tient à ce que le groupe constitué par une liquide précédée d'une autre consonne est d'une prononciation plus facile, plus
automatique que la combinaison contraire :
(« madri » pour « mardi ». C'est un *lapsus calami* traduisant un *lapsus linguae*).

Rogues de Fursac classe les additions de lettres ou de mots en :

> Additions par répétition et par anticipa-
> tion.
> Additions par association automatique.
> Additions par impulsion graphique.

a) Dans les additions par répétition, le sujet
répète plusieurs fois la même lettre, la même
syllabe ou le même mot, sans aucune raison.

Il y a répétition par réviviscence quand un
mot déjà écrit est répété quelque temps après.
Le phénomène inverse a lieu dans les additions

par anticipation. On les remarque surtout dans l'écriture copiée, elles sont la preuve que le malade n'a pas compris le sens de ce qu'il écrit.

Les additions par association sont divisées par l'auteur en trois catégories : (*a*) les additions par association phonétique préétablie — associations de lettres, le plus souvent d'une liquide automatiquement surajoutée à une autre consonne (« clacher » pour « cacher »).

b) Les additions par assonance — associations de mots, sont surtout fréquentes chez les maniaques, (« il faut attendre de prendre » pour « il faut attendre ») et en général dans tous les affaiblissements démentiels, avec agitation verbale, pouvons-nous ajouter.

c) Les additions par association d'idées préétablie, manifestations fréquentes de la fuite des idées dont l'une évoque l'autre à laquelle elle est liée par un lien plus ou moins solide (« leur courage civique, ou plus tôt que plus tard, leur audace » pour « leur courage ou plutôt leur audace »).

Des deux sources possibles de ces dernières erreurs (substitutions et additions) trouble du fonctionnement du langage de réception et celui du fonctionnement du langage de transmission, c'est à cette dernière que les dites erreurs doivent être attribuées, selon l'auteur. En effet les substitutions par analogie auditivo-motrice étant très sensiblement les mêmes dans la copie et dans la dictée, elles doivent avoir pour origine un trouble de la fonction commune à ces épreuves ; savoir, celui du langage de transmission ; nous ne nous trouvons donc pas ici dans la majorité des cas en présence d'un trouble de la perception.

L'incohérence graphique consiste en la succession des images graphiques par juxtaposition, sans qu'elles soient unies entre elles par aucune association. Elle est surtout fréquente dans les écrits spontanés.

La stéréotypie graphique a été souvent étudiée ; on sait qu'elle consiste dans la répétition systématique d'une ou plusieurs lettres, d'un ou de plusieurs mots. Le groupe d'éléments graphiques automatiquement reproduit porte le nom de motif stéréotypé. Les stéréotypies n'expriment cependant pas d'emblée l'aprosexie du sujet. L'un de nous en collaboration avec le Dr A. Marie [1] a présenté toute une série de dessins stéréotypés chez un vieux dément précoce,

---

1. Dr A. Marie et Raymond Meunier. Note sur les dessins stéréotypés d'un dément précoce. *Journal de psychologie normale et pathologique*, N° 4, 1907.

qui semblent assez caractéristiques à cet égard.
Le cas de la combinaison de la stéréotypie et
de l'incohérence où le motif stéréotypé repa-
raît de temps en temps, comme un leit-motif,
est assez fréquent.

Dans l'échographie les impressions verbales
auditives et visuelles qui parviennent au cer-
veau du sujet sont automatiquement transfor-
mées en mouvements graphiques. La copie et
la dictée automatique trahissent le défaut de
compréhension du texte et le défaut de souci
de l'ordre des mots.

L'échographie est plus accusée quand le malade reproduit graphiquement les mots qui
viennent frapper son oreille, ou n'ayant aucun
rapport avec le texte.

L'impulsion graphique nous intéresse plus
au point de vue de l'automatisme qu'au point
de vue de l'aprosexie ; son analyse est du reste
assez délicate dans certains cas.

Le mécanisme de l'écriture se fait sans parti-
cipation de la volonté du sujet, souvent sans
conscience des mouvements graphiques. Au
point de vue de la forme, l'écriture impulsive
est tantôt identique, tantôt plus ou moins diffé-
rente de l'écriture normale ; les modifications
portent sur les dimensions, la régularité, l'in-

Marage. *Action sur l'oreille à l'état pathologique des vibrations fondamentales des voyelles. Revue Acad. des Sciences.* 1903. CXXXVI.

Moch (G.) *Le calcul et la réalisation des auditions colorées. Revue Scientifique.* 20 août 1898.

Max Nordau. *Dégénérescence.* Tomes I et II.

Rochas (A. de) *La Nature,* nᵒˢ 620, 626, 644, année 1885.

Sachs (G. T. L.) *Dissert. inaug. Historiæ naturalis duorum leucæthiopum auctoris ipsius et sororis ejus; Erlanger,* 1812.

Schlegel (J. H. G.) *Neue Materialen für die Staatsarzneikunde; Meiningen,* 1824.

Perronet. *Mémoire de* la Société des Sciences médicales de Lyon, 1863.

Ségalen (V.) *Les Synesthésies et l'école symboliste. Mercure de France.* Avril 1902.

Sokolov. *Individuation colorée. Revue philosophique.* Janvier 1907.

Suarez de Mendoza (Dʳ F.) *L'Audition colorée.* 2ᵉ édition, revue et augmentée. Soc. d'édit. litt. et scient. Paris, 1899.

Ulrich (Dʳ). *Phénomènes de synesthésie chez un épileptique. Revue philosophique.* Août 1903.

Vaschide (N). *Recherches expérimentales sur l'olfaction des vieillards. Compte-rendu hebdomadaire. Acad. des Sciences.* 19 octobre 1903.

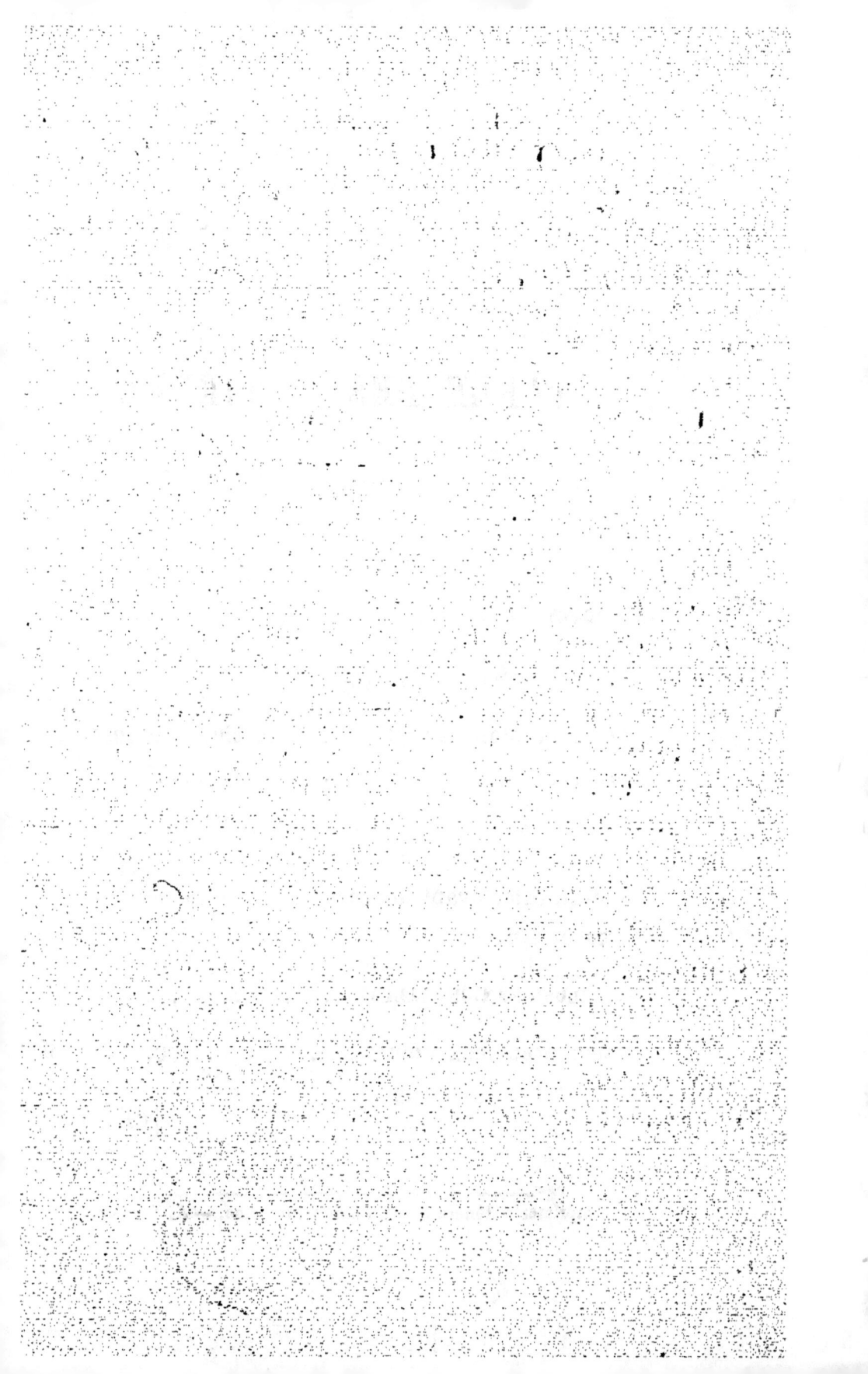

TABLE DES MATIÈRES

———

Imprimerie Générale de Châtillon-sur-Seine. — A. Pichat.

www.ingramcontent.com/pod-product-compliance
Lightning Source LLC
Chambersburg PA
CBHW052049270326
41931CB00012B/2696